© L'Harmattan, 1999
ISBN : 2-7384-7715-1

Parlons provençal

Collection *Parlons* ...
dirigée par Michel Malherbe

Dernières parutions

Parlons vietnamien, 1998, NGUYEN-TON NU HOANG-MAI
Parlons lituanien, 1998, M. CHICOUENE, L.A. SKUPAS
Parlons espagnol, 1998, G. FABRE
Parlons esperanto, 1998, J. JOGUIN
Parlons alsacien, 1998, R. MULLER, JP. SCHIMPF
Parlons islandais, 1998, S. BJARNASON
Parlons jola, 1998, C. S. DIATTA
Parlons francoprovençal, D. STICH
Parlons tibétain, G. BUÉSO
Parlons khowar, Érik LHOMME

Collection "Parlons"
dirigée par Michel Malherbe

Philippe BLANCHET

Parlons provençal

Langue et culture

L'Harmattan
5-7, rue de l'École Polytechnique
75005 Paris - FRANCE

L'Harmattan Inc.
55, rue Saint-Jacques
Montréal (Qc) - CANADA H2Y 1K9

Du même auteur :

-*Essai de description du système graphique de Michel Tronc, un exemple de l'écriture provençale au XVIème siècle,* CIREP, Marseille, 1990.
-*Dictionnaire du français régional de Provence,* Bonneton, Paris, 1991.
-*Le provençal, essai de description sociolinguistique et différentielle,* Peeters, Louvain (Belgique), 1992.
- *La Targo,* roman en provençal, Editions Parlaren Var/Edisud, Fréjus/Aix, 1994.
-*Dictionnaire de la cuisine de Provence,* Bonneton, Paris, 1994 [en collaboration avec C. Favrat].
-*Les Mots d'Ici (Petit guide des vérités bonnes à dire sur les langues de Provence et d'ailleurs),* Edisud, Aix, 1995.
-*La Pragmatique d'Austin à Goffman,* Bertrand-Lacoste, Paris, 1995.
-*Parlo que pinto ! petit vocabulaire français-provençal pour l'accompagnement d'activités pédagogiques,* L'Astrado, Berre,1997.
-*Vivre en pays toulonnais au XVIIème siècle : textes provençaux de Pierre Chabert, de La Valette,* Autres-Temps, Marseille, 1997 [en collaboration avec R. Gensollen].
- *Li venturo de Liseto au païs estraourdinàri,* traduit et adapté de l'anglais *Alice's Adventures in Wonderland* de Lewis Carroll, Edisud, Aix, 1998.
-*Introduction à la complexité de l'enseignement du Français Langue Etrangère,* Peeters, Louvain, 1998.
-*Mon premier dictionnaire français-provençal,* Gisserot, Paris, 1999.

Directions de publications :

-*Diversité linguistique et pluralisme démocratique, Cahiers de l'Institut de Linguistique de Louvain* n° 18/1-2, Peeters, 1992.
-*Nos langues et l'unité de l'Europe,* Peeters, 1992.
-*Dictionnaire français-provençal* de Jules Coupier, Aix, Edisud, 1995.
-*Minorités et modernité, La France latine* n° 124, CEROC, Paris-Sorbonne, 1997.

NB : Cet ouvrage est rédigé en appliquant les rectifications de l'orthographe française publiées au *Journal Officiel* du 6/12/1990, avalisées dans la neuvième édition du *Dictionnaire de l'Académie française* (1993) qui stipule : *"Aucune des deux graphies ne peut être tenue pour fautive"*.

Les dialogues, textes et exemples signalés par le symbole ☺ sont enregistrés sur la cassettes audio d'accompagnement sous leur numéro et dans l'ordre où ils apparaissent dans ce le livre.

Première partie :

Le provençal, *qu'es acò* ?

1. Le provençal parmi les langues romanes

Le provençal et le latin

Le provençal est une langue romane, c'est-à-dire une évolution du latin, comme l'italien, l'espagnol ou le français. Au plus loin que l'on puisse remonter, on trouve sur le territoire actuel de la Provence un peuple et une langue italiques dont on sait relativement peu de chose, les Ligures. Ils occupaient une zone comprenant ce qui est aujourd'hui la Provence et, en Italie, le Piémont et la Ligurie, qui leur doit son nom. Les noms de lieu en *-sk-*, assez fréquents dans ces trois régions, sont d'origine ligure (en Provence, par exemple, *Manosco, Greasco, Venasco*, "Manosque, Gréasque, Vénasque"[1]). Très tôt, les côtes provençales ont été fréquentées par les Grecs, qui y ont fondé les plus anciennes villes, notamment *Marsiho, Niço*[2], *Antibou* ("Marseille, Nice, Antibes", du grec *Massalia, Nikaia, Antipolis*).

Le mythe fondateur de Marseille et de la Provence grecques, encore bien connu de nos jours, est symbolique de toute la tradition culturelle d'échanges de la population de ces rives de la Méditerranée : bien accueilli à son arrivée par un roi ligure, le marin phocéen Protis fut choisi le soir même comme époux par la belle princesse Gyptis, qui lui offrit la coupe rituelle. Il fonda sur place un port qu'on appelle aujourd'hui *Lou Port-Vièi* "le Vieux-Port", ce qui est bien compréhensible 2600 ans après !

Les "Massaliotes" fondèrent des comptoirs le long du Rhône et de la Durance et sur toute la côte (*La Ciéutat, Cavalaire, Sant-Troupés*, "La Ciotat, Cavalaire, Saint-Tropez", s'appelaient alors *Citharista, Caccabaria, Athenopolis*). De cette forte présence sont restés en provençal des mots d'origine grecque, notamment dans le vocabulaire de la mer,

---

[1] Les noms propres sont cités sous leur forme provençale authentique.
[2] *Nissa*, en niçois. Le pays niçois a été provençal jusqu'en 1388, avant d'appartenir au Piémont. En ce qui concerne ses parlers, voir point 2.

par exemple *gàngui, gànchou, broumeja* "sorte de filet, harpon, appâter", du grec *gangamon, gampsos, broma*.

Les Celtes, qui s'étaient répandus dans toute l'Europe de l'ouest, s'implantèrent peu en Provence, à l'occasion de leur dernière forte poussée du Ve siècle (avant JC) où ils atteignirent Rome. On n'en trouve de traces solides que dans la Basse-Provence (surtout la vallée du Rhône), où ils se mêlèrent aux Ligures. Bref, les ancêtres des Provençaux ne sont pas les Gaulois, ce qui se traduit sur le plan linguistique par l'absence de forte transformation du latin parlé. On sait en effet que l'une des causes de la surévolution du latin vers le français est son contact avec le gaulois. Ce qui fait que le français est ajourd'hui une langue romane très différente des autres (italien, espagnol...). Le provençal, lui, va rester une langue romane assez proche du latin de départ, autant que le piémontais ou le catalan, presque autant que l'italien.

C'est qu'au moment où les Celtes descendaient au soleil, les puissants Romains venaient en Provence aider les Massaliotes contre les marins puniques et les Ligures de l'arrière-pays. Entre 100 et 200 av. JC ils s'installent largement et définitivement, au point de donner son nom à la Provence : première province romaine du côté ouest des Alpes, elle s'appellera simplement en latin *Provincia* "la province", mot qui deviendra *Provença* en ancien provençal et *Prouvènço* en provençal moderne, d'où "Provence", en français. Ils lui donnent aussi sa langue, puisque la population est rapidement latinisée (et qu'une bonne partie d'entre elle est directement constituée de Romains, c'est-à-dire d'autres Italiques). Le nom même de notre langue vient de là, puisque "provençal", en latin *provincialis* et en provençal *prouvençau*[1], veut dire "de Provence". La population et la civilisation provençales sont ainsi, historiquement, fortement apparentées à la péninsule italienne de diverses façons complémentaires, qui vont se renforcer grâce à des échanges suivis au cours des siècles[2], dont l'installation régulière de personnes venus en Provence depuis l'autre côté des Alpes (qui ne constituent aucunement

---

[1] Prononcez *prouvinçaou* en insistant sur le *a* et... en ayant l'accent du Midi ! (en alphabet phonétique : [pʁuveŋ'saṳ]).

[2] Forte présence italienne dans les terres papales de la région d'Avignon, rivalité Gênes/Marseille, association au Royaume de Naples au Moyen-âge, va-et-vient de Nice et Barcelonnette entre la Provence et le Piémont, nombreux contacts entre les populations, etc.

une "frontière" naturelle). On parle d'ailleurs une variété de "provençal" dans certaines vallées piémontaises...

Enfin, les invasions germaniques eurent beaucoup moins de conséquences dans le sud de l'Europe (y compris celui de la future France) que dans la moitié nord, ce dont témoignent les noms de lieux et de personnes, ainsi que la faible proportion de mots d'origine germanique en provençal (ou en italien), par rapport au français (ou au wallon). Les régions méditerranéennes ne furent pas concernées par les mêmes groupes (c'étaient notamment des Goths au sud et des Francs plus au nord). Et surtout, ces petits groupes de Germains se fondirent dans la population latine, en en adoptant la langue et la plus grande partie de la culture. Alors que, au nord, les Francs s'imposèrent en nombre et en force aux Gaulois romanisés, au point qu'il y eut longtemps un bilinguisme roman-germanique dans leur royaume, au point que le latin celtisé des Gaulois a été, en plus, fortement germanisé... d'où est sorti le français, qui doit son nom aux Francs.

Les diverses langues romanes, issues de différentes variétés de latin parlé, se sont épanouies suite à la fragmentation de l'Empire romain. A partir du Moyen-âge, la Provence devient un État indépendant sous des modalités variables (royaume, divers comtés, etc.)[1], où le latin évolue à sa façon et dont le provençal restera la langue principale au moins jusqu'au XIXe siècle, à côté du latin écrit puis du français, entre autres (voir plus loin).

La situation linguistique des langues romanes se mesurant par rapport à leur ancêtre latin (latin populaire, évidemment, pas la langue littéraire qu'on enseigne à l'école), on qualifie de "conservatrice" une langue restée proche du latin et d' "évolutive" une langue s'en étant éloignée. Le sarde est la plus conservatrice des langues romanes, le français, la plus évolutive. Le provençal est donc à l'origine du latin parlé dans la *Provincia romana* par des Romains, des Ligures, des Grecs et quelques Celtes, qui a localement évolué au cours des siècles. Il est notamment identifié par rapport au territoire appelé *Provence* (avec un sens annexe plus étendu, cf. ci-dessous). Il peut être qualifié de "moyennement conservateur", moins que l'italien (dont il reste assez proche), autant que le catalan (avec lequel il présente des ressemblances notables) mais beaucoup plus que le français, bien qu'il ait eu, pour des raisons

---

[1] Elle le restera pour l'essentiel jusqu'à la Révolution française, en 1790.

fondamentalement politiques, de nombreux contacts avec lui au cours des siècles (voir chapitres 3 et 4.). Une bonne intercompréhension est possible entre provençal et languedocien, ou catalan, ou piémontais, ou ligurien (gênois, monégasque)[1]. Une certaine intercompréhension est possible entre provençal et italien, ou corse, ou espagnol, voire béarnais ou portugais. Avec le français, c'est plus difficile, y compris pour des raisons sentimentales[2] !

En terme de classification linguistique, le provençal est rangé dans le groupe gallo-roman[3]. Il y appartient à la famille d'oc. Il y reste cependant le plus proche du groupe italo-roman et notamment des parlers dits "gallo-italiens" du nord de l'Italie (mots se finissant presque toujours par une voyelle, pluriels en -i, similarités de vocabulaire, critères auxquels il faut ajouter le sentiment de proximité entre les gens, paramètre décisif non pris en compte dans les classifications étroitement linguistiques).

Le provençal dans la famille d'oc

La famille d'oc regroupe l'ensemble des variétés romanes historiques parlées dans le tiers sud de la France actuelle, à l'exception du catalan (région de Perpignan, classé dans l'ibéro-roman), du corse (italo-roman), et bien sûr du basque, qui n'est pas une langue romane. Les linguistes regroupent souvent ces parlers en cinq grands ensembles : provençal, languedocien (y compris guyennais), gascon (y compris béarnais), limousin, auvergnat. Au nord de la zone dite "d'oc", on trouve une zone de parlers intermédiaires

---

[1] Je ne parle pas du niçois, qui est si proche du provençal que certains le considèrent même comme une variété du provençal...

[2] De multiples témoignages prouvent qu'à l'époque où ils ne savaient pas encore le français, les Provençaux le comprenaient peu et difficilement. Aujourd'hui, les francophones unilingues venus d'ailleurs ont aussi du mal à comprendre du provençal.

[3] Les linguistes répartissent les langues issues du latin en *italo-roman* (italien, corse, sarde...), *ibéro-roman* (espagnol, portugais, catalan...), *rhéto-roman* (romanche, frioulan...), *gallo-roman* (famille d'oïl -dont français, picard, gallo, wallon...-, famille franco-provençale -dont savoyard, valdôtain, dauphinois...-, famille d'oc -dont gascon, provençal...). Le roumain y reste à part. Les critères retenus sont des caractéristiques phonétiques, grammaticales et lexicales. Ces regroupements sont théoriques et ne correspondent pas forcément aux réalités vécues sur le terrain.

entre oc et "oïl" (à l'ouest) et "franco-provençal" (à l'est)[1]. En ce qui nous concerne, on trouve des parlers transitionnels avec le franco-provençal au nord de l'aire provençale (moitié nord de la Drôme et des Hautes-Alpes). [voir carte 1 p. 17]

Certains considèrent l'ensemble de la famille d'oc comme constituant une seule et même langue, dont le provençal, par exemple, serait un dialecte, c'est-à-dire une variante locale. Ce point de vue a été régulièrement soutenu soit sur un plan théorique par des hommes de Lettres[2] ou des linguistes, soit sur le plan socio-politique par des activistes luttant pour la défense et la promotion de cette langue. A cause de cela, et parce que la *Provincia romana* a couvert à une époque une zone plus vaste que la Provence elle-même (avec la *Narbonnaise*), le terme *provençal* a été longtemps utilisé avec un double sens : un sens large "langue constituée par l'ensemble des parlers d'oc" et un sens strict "langue de la Provence". Le sens large était donc synonyme de *langue d'oc*, terme qui est resté confidentiel jusqu'au XIXe siècle. Le sens large de *provençal* est justement sorti des usages au XIXe siècle : il créait une ambigüité à un moment où on parlait beaucoup de ces langues (montée en puissance du régionalisme) et où les locuteurs eux-mêmes affirmaient publiquement un usage différent (le sens strict). On ne l'emploie plus aujourd'hui qu'au sens de "langue de la Provence". C'est le cas dans le présent ouvrage.

Reste à déterminer si le provençal est une langue romane distincte (ce qui implique que l'ensemble "d'oc" soit une famille regroupant plusieurs langues proches) ou s'il est une variante géographique d'une vaste et unique "langue d'oc". C'est un problème bien connu, car il met à la fois en question la notion générale de *langue* et la façon concrète d'envisager la réalité linguistique provençale (orthographe, normes, reconnaissance sociale, actions de promotion, etc.).

Or, une langue est à la fois un système de sons, de mots, de règles grammaticales (critère interne) et une entité socio-culturelle identifiée comme telle dans une société

---

[1] La famille d'oïl est celle des parlers romans des 2/3 nord de la France, bourguignon, picard, français, etc., le "franco-provençal" est celle des parlers romans du nord Dauphiné, Lyonnais, Savoie, Val d'Aoste, Suisse romande.

[2] Le nom *langue d'oc* a été inventé par Dante au XIVe siècle, qui distinguait *langue de si* (italien), *langue d'oïl* (c'est-à-dire *langue de oui*, français) et *langue d'oc*, à partir du mot signifiant "oui" dans ces langues.

donnée (critère externe). Des deux, l'identification sociopolitique de la langue est le critère le plus fort : il est banal que des langues reconnues distinctes, pour des raisons liées à l'histoire et à la vie des sociétés où on les parle, soient très proches du point de vue phonétique ou grammatical. C'est le cas par exemple du norvégien et du suédois, de l'hindi et de l'ourdou, du russe et du bulgare, du roumain et du moldave, du catalan et du valencien... Inversement, il arrive même que des parlers, assez différents d'une certaine langue sur le plan interne (avec problèmes d'intercompréhension), soient considérés comme des variantes de celle-ci. Ce processus de rattachement à un vaste ensemble est fréquent pour les langues dominées par rapport à la langue dominante d'une société. C'est le cas, toutes proportions gardées, de l'arabe maghrébin par rapport à l'arabe littéral ou oriental, de nombreux créoles par rapport aux langues européennes, du piémontais ou du corse par rapport à l'italien, des "patois" d'oïl (picard, gallo, wallon...) par rapport au français... C'est donc avant tout sur la perception de la langue dans la société où on la parle que doit s'appuyer son identification, que viennent alors corroborer les attributs spécifiques de cette langue : un nom, des décisions officielles, une orthographe, des dictionnaires et grammaires, etc.

En ce qui concerne le provençal, il apparait qu'il constitue effectivement une langue distincte au sein de la famille d'oc. Toutes les enquêtes prouvent que c'est ainsi que les Provençaux -les premiers concernés !- le considèrent, à une majorité écrasante[1]. C'est également le cas chez leurs voisins languedociens ou piémontais, ainsi que pour les Français d'autres régions quand ils citent des langues de France[2]. La plupart des institutions françaises ou internationales aussi : Conseil supérieur de l'audio-visuel

---

[1] Pour des résultats d'enquêtes, voir mon ouvrage *Le provençal, essai de description sociolinguistique*, Louvain, Peeters, 1992. Une enquête réalisée en 1997 à Marseille par M. Gasquet-Cyrus pour son mémoire de maitrise (UFR LACS, université de Provence), vient de confirmer une nouvelle fois cette perception de la langue.

[2] Cf. E. Hamel et Ph. Gardy, *L'Occitan en Languedoc-Roussillon*, Perpignan, El Trabucaire, 1994, p. 96 ; Henri Boyer, *Langues en conflit (études sociolinguistiques)*, Paris, Logiques Sociales/L'Harmattan, 1991, p. 140 ; enquêtes en Alsace et au Pays basque d'A. Tabouret-Keller à paraitre sous "L'existence incertaine des langues régionales en France", dans Blanchet, Breton et Schiffman (ed.), *Les langues régionales de France : un état des lieux à la veille du XXIe siècle*, Louvain, Peeters.

(dans sa prise en compte des émissions TV en langues régionales)[1], Conseil de l'Europe[2], UNESCO[3], différents répertoires français ou internationaux des langues du monde[4], etc. Dans l'Éducation nationale, puisque le provençal est officiellement enseigné, certains textes parlent de *langues d'oc* (au pluriel)[5], distinguent *provençal* et *occitan*[6], d'autres s'en tiennent au singulier mais érigent en principe fondamental le respect des grandes variétés "dialectales" (avec des programmes adaptés et différents[7]). Du coup, les spécificités linguistiques du provençal sont mises en avant et enregistrées par une orthographe propre, des dictionnaires, grammaires, livres scolaires, etc. (cf. deuxième partie). L'intercompréhension entre provençal et auvergnat ou béarnais est d'ailleurs difficile, d'autant qu'il ne viendrait jamais à l'idée d'un Provençal d'employer sa langue locale (à fonction de connivence de proximité) pour communiquer avec un *"estranger"* : il aura évidemment recours au français, langue véhiculaire que les Provençaux se sont bien appropriée aujourd'hui[8]. Enfin, aussi loin qu'on remonte dans le temps, les témoignages montrent que les Provençaux ont toujours appelé leur langue *provençal* et jamais *occitan*. L'ensemble de l'appareil sociolinguistique, et donc linguistique, du provençal le constitue ainsi en langue autonome.

---

[1] En 1992 le CSA a même regroupé le provençal et le corse, distinguant encore plus nettement le provençal (perçu comme italique) de l'occitan et du catalan.

[2] Voir son communiqué de presse du 01/07/1998 à la sortie du rapport Poignant sur les langues régionales de France (dépêche AFP n° 011850).

[3] cf. son *Atlas des langues en péril dans le monde*, UNESCO, 1996, p. 29.

[4] Par exemple dans Olivier Soutet, *Linguistique*, Paris, PUF, 1995 p. 38 ; dans *Ethnologue, languages of the world*, 13th edition, 1996, Dallas, USA, p. 481 (qui fait autorité au niveau international) ; dans le *QUID*, 1998, p. 841 ; dans le répertoire informatique RAMEAU de la Bibliothèque de France, etc.

[5] Circulaire du 29/03/1976.

[6] Thésaurus informatique *Motbis* de Centre National de Documentation Pédagogique.

[7] Programme de langues régionales pour les lycées de 1988.

[8] La plupart des Provençaux ne considèrent pas les Auvergnats ou les Gascons comme des "gens du Midi" (limité à la Méditerranée), mais respectivement comme des "gens du Nord" (le Nord commence à Valence) ou des "gens du Sud-Ouest".

De nombreux travaux invitent aussi à une identification distincte du gascon. En fait, les différentes branches de la famille d'oc ne sont considérées comme des "dialectes" d'une seule langue appelée *occitan* (ou *langue d'oc*) que par la volonté de militants dits "occitanistes" (comme l'a bien analysé P. Bourdieu[1]), militants qui restent très minoritaires en Provence. Ce terme est aussi parfois utilisé dans certains exposés théoriques qui généralisent par commodité (de la même manière qu'on y parle du *galloroman* ou de l'*indo-européen*). Le terme *occitan*, lancé récemment à partir d'un nom latin moyenâgeux, fonctionne plutôt comme une désignation des parlers d'oc du Sud-Ouest (encore qu'il y soit peu employé par les populations) et plus réellement comme désignation intellectuelle du languedocien, de Montpellier à Toulouse[2]. En Provence, il est parfois connu en ce sens-là, mais plus généralement méconnu. Et lorsqu'on propose aux Provençaux que leur langue soit appelée *occitan* et regroupée avec les parlers du Sud-Ouest, la grande majorité proteste contre ce qui lui parait être une erreur extravagante. En effet, la Provence a toujours constitué un ensemble historique et culturel distinct par rapport au Sud-Ouest. De plus, l'*occitan* (languedocien) n'est pas dans la situation d'être une référence englobante pour le provençal : ce dernier jouit au contraire d'un prestige nettement supérieur. Il existe pourtant un militantisme occitaniste venu du Sud-Ouest, marginal en Provence, qui voudrait centraliser l'ensemble des parlers d'oc, a élaboré un *occitan standard* et une graphie unique sur la base du languedocien, dans la perspective plus ou moins nationaliste de rivaliser avec le français. Le provençal en est alors considéré comme un "dialecte". On en trouve des écrits fréquents, aux affirmations péremptoires, y compris jusque dans certains textes de l'Éducation nationale française sous une forme diplomatiquement atténuée. Ainsi le lecteur verra-t-il, ici ou là, le provençal rebaptisé d'autorité *occitan* et orthographié à la languedocienne (cf. chapitre 7). Nous n'adopterons pas ici ce point de vue, bien sûr, par simple respect scientifique des données objectives et, démocratique, de l'avis des Provençaux (cf. chapitre 3).

---

[1] P. Bourdieu, *Ce que parler veut dire*, Paris, Fayard, 1982, p. 140.
[2] Cf. E. Hamel et Ph. Gardy, *L'Occitan en Languedoc-Roussillon*, Perpignan, El Trabucaire, 1994.

Carte 1 : le provençal et ses voisins

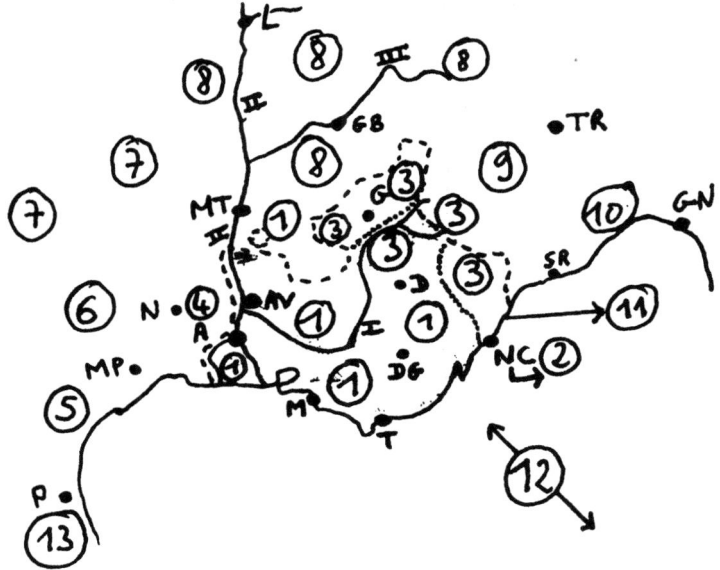

Légende :

Cours d'eau : I = Durance, II = Rhône, III = Isère

Villes : A = Arles, AV = Avignon, D = Digne, DG = Draguignan, G = Gap, GB = Grenoble, GN = Gênes, L = Lyon, M = Marseille, MP = Montpellier, MT = Montélimar, N = Nîmes, NC = Nice, P = Perpignan, SR = San Remo, T = Toulon, TR = Turin.

.... : limites de la Provence historique.
------ : limites de la région administrative Provence-Alpes-Côte d'Azur actuelle.

Variétés linguistiques (langues, dialectes...) : 1 = provençal, 2 = nissart ou niçois, 3 = provençal alpin ou gavot, 4 = provençal gardois ou parlers de la région de Nîmes, 5 = Languedocien, 6 = Cévenol ou languedocien cévenol, 7 = parlers du massif central (ardéchois, auvergnat, etc.), 8 = parlers franco-provençaux (dauphinois, lyonnais, savoyard...), 9 = piémontais, 10 = ligurien ou gênois, 11 = monégasque, 12 = corse, 13 = catalan. NB : le "ou" sépare différents noms pour un même ensemble de parlers ; les 1 à 7 sont de la famille d'oc, 9 à 12 de la famile italique.

2. Où parle-t-on le provençal ?

L'identification de l'aire sociolinguistique provençale

Le provençal est la langue autochtone de toute la Provence historique, c'est-à-dire, dans l'actuelle région administrative française "Provence-Alpes-Côte d'Azur", des départements des Bouches-du-Rhône, du Vaucluse, du Var, des Alpes de Haute-Provence (surtout au sud d'une ligne Sisteron-Digne-Castellane), et partiellement des Alpes-Maritimes (région de Grasse et de Cannes) [voir carte 1 p. XX]. Là, les gens considèrent qu'ils parlent tous une même langue, le provençal, dont les différences locales sont effectivement minimes. De plus, les habitants du sud du département de la Drôme (région de Montélimar et Nyons), considèrent en général leur langue comme du provençal. Il est vrai que le parler local en est très proche, que leur culture est orientée au sud, méditerranéen (et non au nord, dauphinois), et que cette zone fut terre de Provence jusqu'à la création du Dauphiné au XIVe siècle. On l'appelle aujourd'hui la "Drôme provençale" et la Provence y a conservé une enclave qui fut longtemps plus étendue (Valréas, Vaucluse).

On déclare souvent que le provençal dépasse les limites de la Provence, notamment dans la région de Nîmes (département du Gard), en Languedoc. Là, le parler local est identique au provençal de la vallée du Rhône et on y rencontre régulièrement des gens -mais pas tous- qui considèrent leur langue comme du provençal et non comme du languedocien (aux caractéristiques très différentes dès Montpellier et les Cévennes).

Au nord-est d'une ligne Sisteron-Castellane, dans la montagne, on trouve des parlers conservateurs dits "gavots" ou "alpins" de plus en plus caractérisés au fur et à mesure qu'on monte. Ils restent relativement proches de ceux de basse Provence, qui les influencent fortement, car le provençal "d'en bas" y est considéré comme la "bonne" langue, la référence par rapport aux parlers montagnards, réputés "grossiers". Cela concerne la région de Barcelonnette (qui passa de Provence au Piémont-Savoie entre 1388 et 1713) et les Hautes-Alpes (dauphinoises). Ici, la provençalité de la langue locale demeure incertaine, l'identification sociale en étant contradictoire : les locuteurs diront à la fois que ce n'est pas du provençal, mais du "gavot", et que le gavot est du "mauvais provençal", donc du provençal dont on cherche à se rapprocher (et ce rapprochement est de plus en plus visible avec les nouvelles générations, quand il en reste "au pays").

Le même problème se pose pour les parlers de la famille d'oc que l'on trouve dans les vallées piémontaises, le long de la frontière entre Piémont et Provence, c'est-à-dire entre Italie et France. Parlers bien particuliers, ils permettent malgré tout une bonne intercompréhension avec le provençal, renforcée par des siècles de contacts et d'immigration piémontaise en Provence (saisonnière ou définitive). Cela a créé un sentiment de proximité chez les locuteurs de ces parlers qui tirent plus vers le provençal que vers le piémontais. Certains considèrent même leur langue comme une variété de gavot ou de provençal.

Enfin, le pays niçois, ex-Comté de Nice, à l'est du fleuve Var, offre un cas de figure particulier. A Nice même et dans ses alentours immédiats, on parle le niçois, ou *nissart*, qui est linguistiquement très proche du voisin provençal. Le niçois influence même, par son prestige urbain et sa vitalité, les parlers provençaux de l'arrondissement de Grasse (Vence, Cannes) comme ceux de l'arrière-pays niçois. Dans la montagne, on trouve du "gavot" similaire à celui de Haute-Provence (à l'exception de la vallée de la Roya, de Menton à Tende, où les parlers locaux -très vivants- sont presque liguriens). Mais le Comté de Nice ayant été séparé de la Provence de 1388 à 1860 (annexion par la France), le sentiment d'identité y est clairement distinct : les gens du pays, en majorité, ne se considèrent pas provençaux et surtout ne considèrent pas leur langue comme provençale (pour eux c'est du niçois ou du gavot). Seuls des activistes ou des intellectuels rattachent ces parlers à l'ensemble provençal, pour des raisons théoriques ou stratégiques. Notre lecteur saura que, s'il y a une bonne intercompréhension avec le provençal (on assiste souvent à des échanges entre locuteurs des deux rives du Var chacun dans son parler local), ce n'est pas vraiment la même langue en termes d'identité socio-culturelle.

Le prestige culturel du provençal, langue aux réussites littéraires connues, ainsi que les relations historiques assidues entre les diverses populations du bas-Rhône et des Alpes méditerranéennes, attirent ainsi dans son orbite des franges variées qui le font dépasser la Provence historique proprement dite. Le provençal présenté dans notre deuxième partie n'est pas issu de ces franges, mais de Provence même.

Les variétés de provençal

Comme toute langue, le provençal varie selon les lieux, les milieux sociaux, les générations, etc. On reconnait à sa prononciation, à ses tournures et à ses mots locaux un provençalophone d'Avignon, de Draguignan ou d'Aix comme on reconnait un francophone de Lille, de Genève ou de Toulouse.
 Si l'on s'en tient à la zone principale du provençal actuel, les variations sont minimes. On distinguera en gros deux grandes variétés, le provençal de la vallée du Rhône (dit "rhodanien") et le provençal dit "maritime" ou "intérieur", de Marseille à Manosque, Castellane et Cannes. Si l'on y ajoute les franges dauphinoises et montagnardes, on distinguera en outre un provençal "drômois" (région de Montélimar) et un provençal dit "alpin" ou "gavot" dans la montagne, dont les caractéristiques spécifiques sont plus marquées. Les provençalophones se reconnaissent ainsi à des traits emblématiques, dont certains sont des détails très locaux. Parmi eux, on trouve par exemple :
 -la façon de prononcer la voyelle qui marque la première personne des verbes (*é* en rhodanien et drômois, *i* en maritime, voire *ou* en gavot, par exemple dans *parle, pàrli, pàrlou* "je parle") ;
 -la marque du pluriel du groupe nominal qui est en *-i* dans la vallée du Rhône, en *-ei* ailleurs, avec certains *-s* en gavot (*li bèlli fiho, lei bèllei fiho, les bèllei filho(s)*) ;
 -la prononciation du *ch, j* en *ts, dz* dans la vallée du Rhône et la montagne, en *tch, dj* ailleurs ;
 -la chute de certaines consonnes intérieures selon les endroits (le *z* en maritime comme *fahiés* pour *fasiés* "tu faisais", le *d* en gavot comme *maür* pour *madur* "mûr", etc.) ;
 -des formes en *o* dans la vallée du Rhône là où on a des diphtongues en *ouo* ou en *oua* ailleurs (*bono* contre *bouono, bouano* "bonne") ;
 -des syllabes *ca* et *ga* prononcées *tsa, dza* dans la montagne, par exemple *chanta, jarbo* pour *canta, garbo* "chanter, gerbe", un peu comme un "titi" parisien qui dit *un tchamion*...
 -les formes *mi, ti, si* des pronoms personnels sur la côte (ailleurs, c'est *me, te, se*) ;
 -des *s* prononcés comme une expiration qui tend vers *r*, à l'est de Toulon et Brignoles (*es vengudo* prononcé *er vengudo* "elle est venue") ;
 -etc. [voir carte 2]

Carte 2 : les grandes variétés de provençal

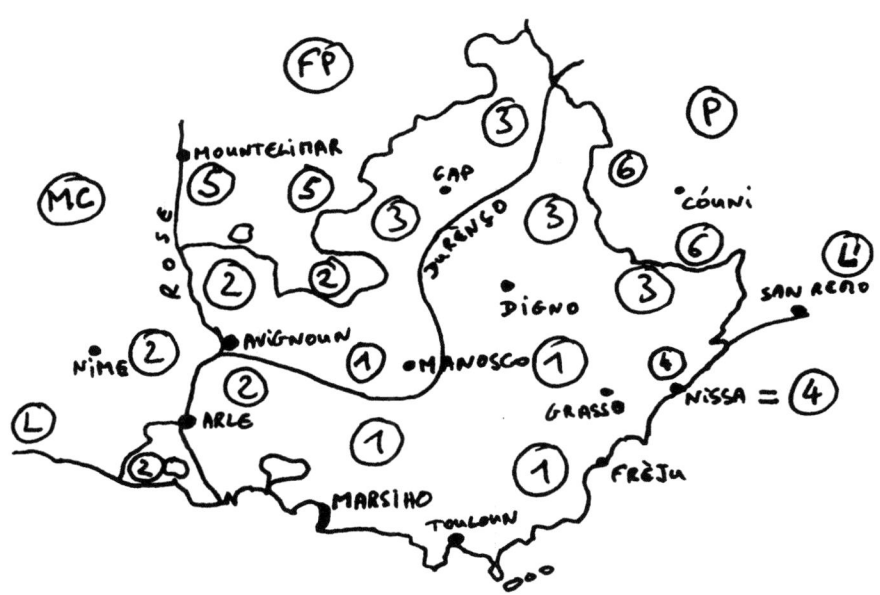

Légende :

1 = provençal maritime et intérieur, 2 = provençal rhodanien, 3 = provençal alpin ou gavot, 4 = nissart ou niçois, 5 = provençal drômois, 6 = provençal transalpin ou parlers d'oc italiens.

Autres langues : FP = franco-provençal, L = languedocien, L' = ligurien ou gênois, MC = parlers du massif central, P = piémontais.

NB : il y a toujours des zones de transitions entre variétés d'une même langue et entre langues d'une même famille (ici, romane) ; les noms donnés sont indicatifs, d'autres sont usités.

La pratique sociale du provençal ayant été réduite principalement à la vie privée familiale, amicale, aux professions artisanales, etc., au cours de notre siècle, les variations sociales en sont peu marquées (cf. chapitre 3). On observera cependant des différences entre générations, entre hommes et femmes (les hommes le parlent plus volontiers), entre villes et campagnes, entre divers milieux (marins, chasseurs, agriculteurs, etc.). On notera surtout une différence entre le provençal des conversations spontanées des locuteurs "naturels" et celui des activistes, enseignants, écrivains, présentateurs à la télévision, etc. qui l'ont parfois appris volontairement et plus ou moins artificiellement. Les locuteurs "naturels" utilisent davantage de mots empruntés au français mais ont une syntaxe et une stylistique typiquement provençales. Les locuteurs volontaires ont un vocabulaire "épuré" (parfois au point d'employer des formes curieuses) mais une syntaxe et une stylistique influencées par le français normatif (parfois calquées mot à mot). Les seconds se recrutent heureusement parfois parmi les premiers !

Cela dit, si l'on excepte les rares militants pour un *occitan* plus ou moins uniformisé, le provençal ne fait pas l'objet de *standardisation*. Bien sûr, le provençal de basse Provence fait depuis des siècles figure de "modèle" pour les Gavots et le rhodanien en est la variante la plus prestigieuse grâce à ses grands écrivains du XIXe et à la fonction mythologique du bas-Rhône dans l'identité provençale[1], mais aucune variété n'a été érigée en norme écrite ou parlée. Toutes les variétés locales sont mutuellement bien acceptées, car les Provençaux y sont très attachés. Leur pratique du provençal, maintenue à côté du français, s'explique en effet par le besoin d'une langue de proximité permettant une sociabilité méditerranéenne, outre un particularisme culturel et identitaire sur lequel nous reviendrons. En ce sens, il n'est absolument pas question de construire une norme de grande communication et de sélection sociale comme pour le français, avec lequel on ne recherche pas une rivalité, mais plutôt une complémentarité. Ainsi, l'orthographe du provençal a même été conçue pour en noter les variantes, qui

---

[1] Les mythes fondateurs de la Provence sont ceux de la fondation de Marseille (cf. chapitre 1), du taureau de Camargue (image d'une divinité antique, Mythra) et du débarquement des Saints évangélisateurs de la Provence aux Saintes-Maries (venus de Judée après la mort du Christ, Sainte Marthe à Tarascon, Saint Victor à Marseille, Sainte Marie-Madeleine à la Sainte-Baume, etc.).

sont toutes enseignées, en fonction du contexte (cf. chapitres 3 et 6). Ce type original de rapport à la langue est le même que celui que l'on rencontre en Corse[1]. Ce qui fait alors l'unité de la langue, c'est la conscience des locuteurs de parler les variétés inter-tolérées d'un même ensemble linguistique, culturel et social. Ce n'est pas une norme de référence portée par une forme écrite unifiée.

Dans la deuxième partie de cet ouvrage, proposant une initiation à la langue, c'est le provençal naturel de l'auteur, de la région Marseille-Toulon, qui est utilisé. C'est donc la variété géographiquement la plus étendue (maritime) en plein cœur de l'aire provençale.

3. La situation actuelle du provençal

Situation institutionnelle

Quelle sont la place et la fonction du provençal dans les principaux domaines de la vie ? Un chose est sûre : le provençal est une langue minoritaire, mais sa situation s'améliore rapidement depuis deux ou trois décennies. Il a le vent en poupe !

Sur le plan politique, il n'y a pas de reconnaissance officielle des langues régionales par la France[2], ni statut légal, sauf enseignement ou mentions annexes, mais plutôt renforcement de leur exclusion ces dernières années. En

---

[1] Cela a été très bien conceptualisé par les sociolinguistes corses, comme J.-B. Marcellesi, sous le terme de *langue polynomique*, c'est-à-dire "une langue dont l'unité est due à la perception qu'en ont les locuteurs et dont les variétés sont mutuellement bien acceptées".

[2] Les gouvernements français ont commandé par deux fois des rapports sur les langues régionales, le rapport Giordan (1982, sans suite), le rapport Poignant (1998, suivi du rapport Carcassonne, aux conclusions très réservées). Un inter-groupe "langues et cultures régionales" a été créé à l'Assemblée nationale en 1997 et a produit un "document de travail" en juillet 1998. Tous ces documents sont hélas affligeants d'incompétence sociolinguistique, d'erreurs grossières, et ne font pas progresser les choses. La France est invitée par le Conseil de l'Europe à signer et ratifier la "Convention européenne des langues régionales ou minoritaires", par l'ONU à signer diverses déclarations de Droits des locuteurs et groupes concernés, mais refuse tout engagement en ce sens. Diverses dispositions juridiques ont, au contraire, exclu davantage les langues régionales et leurs locuteurs -en tant que tels- de la vie publique (modification de la Constitution en 1982, Loi "Toubon" en 1994, etc.).

revanche, on observe une prise en charge croissante par les collectivités locales : Conseil régional[1], Conseils généraux et municipaux, par des subventions, cours, actions culturelles, utilisation dans des publications officielles, débats oraux d'assemblées, signalisation routière, et même célébration de mariages. Certaines instance européennes et internationales comme l'Union européenne (via son "Bureau européen pour les langues les moins répandues"), le Conseil de l'Europe ou l'UNESCO prennent le provençal en compte dans leurs programmes et travaux sur les langues. Sur le plan économique, on note un développement récent, encore limité, dans la publicité écrite (affichage public et presse), ainsi qu'une utilisation non évaluée dans divers milieux professionnels. Un certain retour à "l'authenticité" dans les services et les produits utilise la culture provençale comme image à la mode (y compris la langue).

Sur le plan social, on est dans une situation de *diglossie*, c'est-à-dire de domination relative du provençal par le français. Ainsi, on n'aborde pas un inconnu en provençal et l'on ne peut pas faire un usage administratif ou juridique de cette langue. Mais on observe un usage privé très répandu pour nommer les boutiques et résidences, grâce à un attachement et à un prestige culturel certain. Le provençal bénéficie d'une petite place dans tous médias régionaux et locaux. France 3 Marseille a battu des records d'audience (30%) sur certaines tranches horaires en introduisant moins chichement langue et culture provençales dans ses programmes depuis 1992. Le provençal est utilisé par certains groupes de musique urbaine actuelle, comme *Massilia Sound System* (reggae-rap) ou les *Gacha Empega*. Un certain usage public, occasionnel, en est fait lors de cérémonies particulières (surtout traditionnelles), de discours politiques locaux.

Le provençal est en effet investi d'une forte identité culturelle, dans le contexte général d'un sentiment de particularisme provençal. Plus de 80% des Provençaux sont favorables à la promotion du provençal, 10% à son enseignement obligatoire et à son officialisation, y compris ceux qui ne le parlent pas. A cela s'ajoute un grand prestige

---

[1] Jusqu'à 1998, le Conseil régional a mené une politique modeste d'institutionnalisation du provençal sous la présidence de J.-C. Gaudin, provençalophone attaché à sa langue et secondé par un conseiller spécial, A. Ariès. Dès son élection en 1998, le président M. Vauzelles a fait savoir son interêt pour la question et nommé un rapporteur, M. Langevin.

culturel lié à une littérature brillante (troubadours, Prix Nobel de F. Mistral, écrivains comme D'Arbaud, Galtier, Delavouët, Bosco...) et à la valorisation d'un "art de vivre" provençal. C'est, après l'identité, le motif principal évoqué par les Provençaux pour justifier leur attachement à leur langue. La vie culturelle est activement soutenue par des *centaines* d'associations, et par les collectivités locales. Mais ce prestige reste connu dans la région (ou à l'étranger), peu "à Paris". Le provençal (ancien surtout ou moderne) est enseigné pour sa littérature dans plus de 150 universités d'une trentaine de pays. Sa fonction véhiculaire reste très limitée, mais on rencontre parfois des étrangers au pays ayant appris le provençal moderne. Il permet des échanges avec diverses langues romanes. La communication interdialectale interne fonctionne bien.

Dans le domaine éducatif, le provençal fait partie des langues de France les moins mal loties par le système officiel (options, LV2 et LV3, bac, université/IUFM, CAPES de langue d'oc), mais cet enseignement souffre d'un manque de moyens, de considération et d'enseignants qualifiés. Il reste optionnel et marginal, livré au bon vouloir de militants, sauf exceptions. Quelques écoles maternelles et primaires bilingues à des degrés divers ont été récemment créées dans les Bouches-du-Rhône[1], et l'enseignement optionnel touche environ 5% des élèves dans 50% des établissements secondaires de la région, de façon plus ou moins stable et efficace. L'enseignement associatif, surtout pour adultes, est plus dynamique.

Estimations des pratiques

La synthèse des études existantes[2] donne, en gros, les chiffres suivants :

---

[1] Ces trois dernières années ont aussi été créées 2 *calandretas*, écoles privées bilingues gérées par des occitanistes, à Orange et Gap. Elles scolarisaient 63 enfants de maternelle et primaire à la rentrée 1997.

[2] Il s'agit de J. Eschman, 1983, "L'état actuel du provençal dans une aire du Vaucluse" dans *La France Latine*, n° 92, Paris IV, p. 17-22 et n° 93 p. 25-32 (qui donne 20% de "bons" locuteurs actifs et 40% de "bons" passifs, soit davantage avec ceux à compétences "moyennes", dans la région d'Apt) ; Ph. Blanchet, 1992, *Le provençal, essai de description sociolinguistique et différentielle*, Institut de Linguistique de Louvain, Peeters, Louvain (qui donne 20% de locuteurs actifs et 40% de passifs) ; J. Taylor, 1996, *Sound Evidence, Speech Communities and Social Accents in*

-Habitants la région concernée en 1998 : 4 millions
-dont la moitié installés depuis + de 35 ans[1] : 2 millions
-dont la moitié de locuteurs (passifs compris[2]) : 1 million
-dont la moitié de locuteurs actifs : 500 000
-dont la moitié de locuteurs intensifs : 250 000

Il faut ajouter à ces données démographiques qu'environ 6 millions de touristes (soit 50% de plus que la population, 200% de plus que la population stable et 500% de plus que les provençalophones estimés, passifs compris, 1000% des locuteurs actifs) séjournent en Provence chaque année, en majorité pendant l'été. On comprend que le provençal semble noyé dans la masse, que cela conforte le repli de ses usages vers des lieux privés et lui octroie une puissante fonction de connivence entre gens du pays. D'où le fait que, en dehors de manifestations ostentatoires (fêtes traditionnelles, par exemple), un *estranger* puisse ne pas entendre parler provençal en Provence ! Il est pourtant des lieux où la langue régionale est incontournable, par exemple entre *afeciouna* de courses de taureaux, sur les marchés au truffes de Haute-Provence, ou, hors saison touristique, dans de nombreux villages et quartiers de toute la région, au café, aux boules, au marché, à la chasse, à la pêche, au concert de rap... On entend aussi souvent les gens sauter d'une langue à l'autre au cours d'une conversation. Les 2/3 des locuteurs sont aujourd'hui âgés de plus de 60 ans, 1/4 d'entre eux ont entre 35 et 60 ans, et le reste moins de 35 (et quelques milliers étudient le provençal à l'école). Les générations nées après 1950 ont surtout appris le provençal avec leurs grands-

---

Aix-en-Provence, Berne, Peter Lang (qui donne 30% de locuteurs chez ses informateurs aixois). De grandes enquêtes réalisées par l'inspection académique des Bouches-du-Rhône en 1990 donnent 40% de parents locuteurs et l'audience actuelle des émissions en provençal selon Médiamétrie/France 3 tourne entre 100 000 et 300 000 téléspectateurs -à des heures de faible écoute générale- (communication personnelle par les organismes).

[1] Région très attractive pour son climat, ses paysages, mais aussi son mode vie (c'est-à-dire sa culture locale), la Provence a vu sa population plus que doubler en 3 à 4 décennies, notamment par l'afflux massif de Français d'autres régions, vecteurs de francisation et de déprovençalisation.

[2] On appelle "locuteur *passif*" une personne qui comprend bien la langue (donc qui la sait) mais qui ne la parle jamais pour des raisons diverses.

parents ou leur entourage, la transmission parents-enfants ayant énormément chuté à cette époque-là. Mais le renouveau du provençal ces dernières attire désormais de plus en plus de personnes, locuteurs passifs qui "décident" de se mettre à le parler, jeunes qui choisissent de la ré-apprendre (voir enseignement ci-dessus), médias, spectacles, personnages publics, institutions, entreprises qui s'y ouvrent progressivement. Il y a une audience et un marché, même auprès de ceux qui sont simplement heureux de voir qu'il existe symboliquement. L'avenir est à des communautés intégrées, ouvertes, et à taille humaine !

Le provençal dans le français régional

Il est important de remarquer que, si quasiment tous les Provençaux parlent le français aujourd'hui à la suite d'un processus récent (ceux qui ne parlent que provençal sont devenus des raretés d'un grand âge), ils parlent quasiment tous un français imbibé de provençal. Les Provençaux ont en effet appris le français récemment et "sur le tas" : il y a un siècle encore, la langue usuelle parlée était le provençal -même en ville- et il y a deux siècles, le français était une langue presque étrangère en Provence, sauf à l'écrit (cf. chapitre suivant). Ce français régional est un français provençalisé sur tous les plans : prononciation, grammaire, vocabulaire[1], façons de communiquer. Il se transmet désormais de génération en génération, même chez ceux qui ne parlent plus provençal. Cette célèbre variété de français, aussi appelée "français de Marseille", est érigée par la population en véritable norme régionale, au point que, même dans de nombreuses situations formelles, elle soit considérée comme meilleure que le français "pointu" d'origine parisienne, de l'école et des médias. En outre, son usage est souvent conscient et a largement investi la littérature provençale d'expression française, de Pagnol et Giono à Carrese et Izzo aujourd'hui. Cette variété de français fonctionne comme un complément du provençal dans sa fonction identitaire et comme un bain linguistique porteur facilitant l'acquisition du provençal pour les sujets qui ne parlent pas la langue régionale. Dans bien des cas, les Provençaux qui parlent français ont déjà la prononciation, du

---

[1] On y trouve aussi quelques mots empruntés à l'italien, au corse ou au piémontais.

vocabulaire, certaines tournures et un regard culturel sur le monde similaires à ce qu'on trouve en provençal authentique.

4. Un peu d'histoire...

Provençal et français

Après la période gréco-latine (cf. chapitre 1), le provençal nait peu à peu de l'évolution locale du latin. Au Moyen-âge, l'écriture était réservée à une élite et au latin. On parlait déjà provençal en Provence, mais on ne l'écrivait pas, ou très peu. On ne trouve vraiment du provençal que dans des documents administratifs ou privés et qu'à partir du XIVe, où il tend à se substituer au latin, en perte de vitesse. On le trouve également dès le XIIe dans des poèmes de troubadours, mais ceux-ci voyageaient beaucoup dans diverses régions de langue romane (où exerçaient des troubadours provençaux, gascons, limousins, catalans, italiens, etc.) et leurs manuscrits nous sont parvenus à travers de multiples copies successives, souvent italiennes : la langue et la graphie en ont été considérablement modifiées et mélangées à d'autres variétés de la famille "d'oc" et à des italianismes. Ce n'est donc pas du provençal médiéval *stricto sensu* mais un melting-pot de variétés linguistiques diverses[1].

Le provençal a été confronté à la progression du français depuis le XVIe siècle. Ce dernier a été introduit en Provence comme langue écrite à la fin du XVe siècle, grâce à son prestige international. Son usage juridique, en remplacement du latin, a été confirmé par l'édit de Villers-Cotterêt (1539), déclaré conforme à l'édit d'Is-sur-Tille (1536) qui imposait le français *et le provençal* dans les tribunaux. La Provence a été la pays d'oc le plus tardivement passé à l'écrit administratif français -on y trouve du provençal jusqu'à la fin du XVIe siècle- car le provençal avait commencé à remplacer le latin et le rapport à la France y était très distant : le Comté de Provence était un Etat indépendant associé à la France depuis 1486, sous un même

---

[1] Certains ont cru y voir une *koinè* littéraire comme en Grèce antique, c'est-à-dire une langue commune supra-dialectale, mais les travaux historiques minutieux de F. Zufferey ont démontré qu'il s'agissait en fait de mélanges souvent aléatoires réalisés par les copistes selon les lieux et les époques. cf. F. Zufferey, *Recherches linguistiques sur les chansonniers provençaux*, Genève, Droz, 1987.

souverain[1], et dont l'autonomie était garantie par une constitution écrite. Le même phénomène a été observé dans le Comtat venaissin, partie de la Provence devenue terre du Pape en 1274 et qui ne devint française qu'en 1791. Cela n'eut d'ailleurs que peu de conséquences sur l'usage oral de la grande majorité de la population, qui restera largement provençalophone jusqu'au XXe siècle. Les classes "supérieures", de plus en plus attirées par le pôle parisien, sont celles qui tendent à apprendre un peu de français entre le XVIe et le XVIIIe siècles. Se met ainsi en place une situation de domination "modérée" avec certains écrits en français et le reste de l'espace sociolinguistique en provençal (y compris dans des écrits privés et des textes littéraires), avec ici ou là un peu de latin et d'italien.

Au XIXe siècle, avec l'annexion de la Provence et du Comtat par la France (1790 et 91), le conflit se fait plus dur : la législation nationaliste et les structures socio-culturelles uniformisatrices mises en place depuis 1789, relayées par les classes supérieures, rejettent partout les "patois" et exigent du peuple des rudiments de français. La connaissance d'un français "véhiculaire" progresse alors un peu dans les couches populaires. Mais c'est avec l'école obligatoire en français, la guerre de 1914 et une modernisation profonde structurée de façon centraliste (médias, communications, administrations, économie, exode rural...), que la majorité des Provençaux s'approprie le français, entre 1890 et 1950, sous la forme particulière d'un français provençalisé. Jusqu'à la seconde guerre mondiale le provençal reste la langue de communication usuelle du petit peuple et des campagnes (y compris pour les immigrés italiens, arméniens, etc.). Après la guerre, le provençal continue sa régression quantitative, étant victime d'interdictions et de mépris de la part des autorités françaises, en partie refusé aux nouvelles générations, et noyé dans un flux immigratoire de grande ampleur venu notamment de la moitié nord de la France (tourisme, implantations économiques...).

Cependant, l'obligation exclusive du français contre le provençal a entrainé dans la population le développement de mouvements de soutien de la langue et de la culture régionales dans une perspective sinon égalitaire, au moins complémentaire. L'alphabétisation croissante du peuple à partir du XIXe siècle a permis l'éclosion d'un nombre

---

[1] Le roi de France n'y régnait d'ailleurs qu'en tant que comte de Provence et non en tant que roi de France.

important d'écrivains de toutes sortes en provençal (cf. chapitre 5). Le provençal fait partie de ces langues de France suffisamment affirmées et écrites au cours des siècles pour que le "complexe patoisant" ne pénètre pas radicalement la population : les parlers de Provence ont toujours conservé un certain statut de "langue" identifiée sous un nom commun. Ces mouvements, dont l'archétype est le *Félibrige* (fondé dès 1854 par F. Mistral et toujours existant) sont actifs sur tous les plans : littéraire (le plus réussi, avec l'essor d'une création de qualité reconnue dès le XIXe siècle et jusqu'à nos jours), pédagogique (développement de l'enseignement), politique et économique (affirmation d'une image culturelle régionale), etc. Ces mouvements, dont l'un des plus importants est aujourd'hui l'*Union Provençale*, pacifiques et ouverts, s'appuient sur la philosophie humaniste des Droits de la Personne et des minorités. Leur action, à différents niveaux (de l'organisation de la fête traditionnelle locale à l'enseignement ou au "lobbying" institutionnel), émane des attentes de la population et reste en phase avec elle. Les mouvements extrêmistes sont rares et marginaux : il n'y a jamais eu ni parti "nationaliste" ni terrorisme provençal, et les différentes tentatives de récupération par des partis extrêmistes français ont toutes échoué[1]. Leur présence et leur action se poursuit de nos jours partout en Provence, où le provençal bénéficie maintenant d'une dynamique nouvelle et d'une nette amélioration qualitative (légitimation sociale).

L'évolution de la langue

Sans entrer dans une histoire des systèmes du provençal, qui serait très technique, il est utile de rappeler que le provençal a évolué au cours des siècles, comme toute langue vivante. Notre lecteur pourra en effet rencontrer des textes en provençal des siècles précédents et être étonné par une apparence différente de celui d'aujourd'hui, notamment pour des raisons d'écriture. L'orthographe moderne, plutôt "phonétique", date du XIXe siècle. Auparavant, les graphies spontanées du provençal étaient un mélange de phonétisme, de latinismes et d'influences de l'orthographe française. Il faut remonter avant le XVe siècle pour rencontrer une

---

[1] Voir par exemple récemment les dénonciations des tentatives du Front National français par les grands mouvements provençaux, Union Provençale, Félibrige, Parlaren...

langue écrite sans francismes graphiques, de façon très phonétique accompagnée de latinismes. On distingue trois grandes époques dans l'évolution de la langue : l'ancien provençal (du XIIe au XVe siècles inclus, dont les attestations écrites les plus sûres ne remontent pas au delà du XIVe), le moyen-provençal (du XVIe au XVIIIe siècles inclus, période de grands changements) et le provençal moderne (depuis le début du XIXe siècle). Entre le XVe et le XVIIIe siècles inclus, le provençal évolue beaucoup, abandonnant la plupart des consonnes finales qui lui restaient du latin, y compris de nombreuses terminaisons grammaticales, remplacées par des voyelles. Ainsi, au pluriel en -*s* du groupe nominal est substitué un pluriel en -*i*[1], les -*t* des participes passés masculins et les -*r* des infinitifs tombent. Les groupes de consonnes intérieures sont simplifiés en consonne unique. Les *l* mouillés passent à *i* (*fillo* prononcé à peu près "filio" passe à *fiho*). Beaucoup de voyelles se ferment : les *o* fermés passent à *ou*, les -*a* finaux passent à -*o*, ce qui fait du provençal l'une des rares langues romanes où le -*o* final marque le féminin et non le masculin. De là vient l'image "folklorique" du provençal comme langue pleine de voyelles (à l'italienne) et notamment de *ou* (avec des énoncés stéréotypés comme *lou pichoun pescadou dóu batèou*).

Voici des exemples, possibles parmi d'autres, pour comparer l'ancien provençal et le provençal d'aujourd'hui (les parenthèses indiquent les lettres qui ne se prononcent pas et la phrase signifie "Les jolies femmes et leurs enfants, gaiment habillés de toutes les couleurs, sont venus chanter sur la petite place du village. Vous venez ? Volontiers !") :

-[Moyen-âge] *Las polidas femnas e ses pichons gaiament vestits de totas las colors son venguts cantar sur la placeta dau vilatge. Venetz ? Volontiers !*[2]

-[Aujourd'hui] *Lei poulìdei fremo e sei pichoun gaiamen vesti de tóuti lei coulou soun, vengu canta su(s) la*

---

[1] Sauf pour le nom lui-même, qui devient invariable.
[2] Diverses graphies plus chargées ou plus latines étaient possibles, comme *pollidas, uestits, sont, plassetta, uillage*... C'est sur cette base ancienne et sur le languedocien, qui en est resté proche, que se fonde la graphie dite "classique" ou "occitane" parfois employée pour écrire le provençal dans certains milieux militants.

placeto dóu vilàgi. Venès ? Voulountié ! (variante de la Provence côtière et intérieure)
[ou bien] *Li poulìdi fumo e si pichot gaiamen vesti de tóuti li coulour soun vengu canta su(s) la placeto dóu vilage. Venès ? Voulountié !* (variante de la vallée du Rhône)[1].

En moyen-provençal, la tendance majoritaire est toujours d'orthographier de façon phonétique, avec parfois quelques latinismes (*u* pour *v*, *i* pour *j*, *h-* au verbe *avé* "avoir"), quelques italianismes (*ci* pour "ch"), quelques traces de prononciations ou marques grammaticales en cours de disparition (souvent reconstuites de façon fantaisiste par les écrivains pour imiter les principes de l'orthographe française), et surtout des imitations directes d'équivalents français (par exemple *nouvèu* écrit *"nouveau"*, *sesoun* écrit *"saisons"*)[2]. Fin XVIIIe et début XIX siècle, le provençal parlé a pris son visage moderne (qui continue à évoluer faiblement). On trouve des graphies mélangées chez les "lettrés", mais on voit apparaitre l'orthographe moderne, à dominante modérément phonétique, ouverte à la diversité des formes locales, qui va s'imposer. Des graphies totalement phonétiques, à partir des syllabes à la française, existent toujours chez des écrivains populaires ou dans les pratiques spontanées de la population, par exemple pour baptiser une maison ou une boutique, pour noter un proverbe ou un chant traditionnel (par ex. *"la gnado"* pour *la niado* "la nichée", *"lou coou dé ven"* pour *lou còup de vènt* "le coup de vent", *"l'oustaou de la dginesto"* pour *l'oustau de la ginèsto* "la maison dans les genêts").

L'évolution de la langue est également marquée par une profonde réorganisation des conjugaisons en moyen-provençal, par un vieillissements continu d'une partie du

---

[1] Le mot *pichot* est une équivalent de *pichoun* et non une évolution du même mot. On pourrait avoir aujourd'hui également *frumo* et *fumo* pour *fremo, femo* qui continuent l'ancien provençal *femna* (du latin *femina*).

[2] Ainsi la phrase ci-dessus aurait pu y être écrite, entre autre, de la façon suivante : *Leis poulideis femos et seis pichons ben vestich de toutos leis coulour sont vengus canta sur la plassetto doou villagé. Venez voulontier !* On en trouvera un bon exemple dans Ph. Blanchet et R. Gensollen, *Vivre en pays toulonnais au XVIIème siècle : textes provençaux de Pierre Chabert, de La Valette*, édition critique bilingue, Marseille, Autres-Temps, 1997.

vocabulaire et l'apparition de nouveaux sens, nouveaux usages, voire nouveaux mots (comme dans toute langue). On trouve surtout des mots empruntés au gênois (*chama* "héler", *adòssou* "tribord"...), au piémontais (*chapacan* "vagabond", *piàntou* "imbécile"...), à l'italien (*musicànti* "musicien amateur"...), voire au corse (*gàtsou* "sexe de l'homme"[vulg.]), au "franco-provençal" du Dauphiné (*chin* "chien"), etc.[1] Les emprunts au français sont les plus notables[2], mais souvent bien intégrés à la langue sur les plans phonétique mais aussi sémantique en partageant régulièrement les sens avec l'équivalent provençal : dans de nombreux parlers, *péu* ne désigne plus à la fois "poil" et "cheveu", mais seulement "poil", car on a emprunté *chivu* ; *viage* signifie seulement "chargement" car on a emprunté *vouiage* pour "voyage" ; *isclo* ne désigne plus qu'une langue de terre au milieu d'une rivière, car on a emprunté *ilo* pour "île" (en mer) ; etc. Les francismes touchent relativement peu la langue usuelle la plus fréquente ; ils concernent surtout les domaines de la vie sociale dont le provençal a été progressivement exclu (par exemple l'administration, la technologie). Inversement, le provençal reste d'une grande richesse dans les domaines familiers (nature, technique, métiers, relations humaines, spiritualité, vie sociale...), notamment par rapport au français un peu artificiel appris à l'école... que les Provençaux ont spontanément provençalisé pour l'adapter à la vie provençale !

De nos jours, un certain retour du provençal dans une la vie officielle favorise la réactualisation de son vocabulaire dans ces domaines.

---

[1] Les emprunts aux langues d'Italie sont en général plus nombreux en maritime, notamment varois (ainsi qu'en gavot oriental et en niçois) que dans la vallée du Rhône. De même, il y a plus d'emprunts au français autour des grandes agglomérations que dans l'arrière-pays et les zones rurales ou montagnardes.

[2] Jusqu'à 15% du lexique mi-populaire mi-littéraire du poète-ouvrier marseillais V. Gelu au début du XIXe (2% seulement de son vocabulaire usuel), environ 3% de l'ensemble du vocabulaire poétique élaboré de F. Mistral (Prix Nobel en 1904). En comparaison, rappelons que plus de la moitié du vocabulaire anglais est d'origine française...

5. Une langue... une culture et une société

On ne peut pas dissocier une langue d'une culture et du contexte de la société où elle existe. Tout interagit : la langue fait la société, c'est-à-dire les personnes et leurs relations, qui font à leur tour la langue en l'adaptant à leurs besoins ; une langue constitue une "fenêtre sur le monde", compris et vécu depuis un angle de vision original. Toute langue, même les plus "petites", joue donc un rôle essentiel pour la richesse et l'harmonie plurielle de l'humanité. "Petite" par le nombre de locuteurs ou l'espace géographique, une langue est d'autant plus "grande" en profondeur humaine, en degré de connivence, en lien social, en compréhension ouverte des différences -du coup nécessairement perçues comme positives-, en innovations de tous ordres, technologiques, économiques, sociales, artistiques...

La culture provençale est profondément latine et méditerranéenne. Elle se manifeste notamment par certaines caractéristiques fondamentales du mode de vie.

Une vie sociale méditerranéenne

On est frappé par un mode particulier de relations aux personnes, aux choses et aux faits, marqué par une sociabilité ouverte, qui se vit à l'extérieur et protège une intimité secrète. Ce type de vie sociale est proche de ceux de l'Italie surtout, de l'Espagne et de l'ensemble des pays méditerranéens aussi. L'habitat groupé domine et le moindre quartier ou village a ses lieux publics : un *cours* pour la promenade, un terrain de boules, place ou placette, bancs, terrasses de café, souvent un *cercle* où les hommes se réunissent, un marché... La relation aux autres est d'emblée très conviviale, avec un tutoiement facile, une gestuelle expressive et une parole chaleureuse. Le silence en public est du reste considéré comme gênant, impoli, hautain. La parole est omniprésente, souvent très directe, familière, assortie d'expressions imagées et de plaisanteries. La langue (provençal ou français provençalisé) en porte les marques dans le vocabulaire et la façon de dire (cf. chapitre 9). Mais c'est une simple "politesse", une urbanité qui ne signifie pas qu'on tisse des liens d'amitié ou d'intimité, qu'on se dévoile ou qu'on est désinvolte, inconstant. Bien au contraire, en contre partie, les espaces intimes restent jalousement protégés. On se fréquente dehors (surtout les hommes) et la maison n'est ouverte qu'à la famille et aux intimes. Il faut beaucoup de temps pour "être adopté". On croise les volets dès qu'il y a du soleil et des rideaux coupent la vue dès qu'on laisse portes ou fenêtres ouvertes. La pratique du provençal est inscrite dans ce mode de vie : il est surtout la langue de l'intimité et sa pratique publique reste principalement celle des hommes dans leurs réseaux de sociabilité (jeux de boules ou de taureaux, café, chasse, etc.) à condition qu'il n'y ait pas trop d'inconnus en vue...

Les Provençaux sont également très attachés à leur espace naturel, à leur terroir, dont ils font un emblème de leur mode de vie, surtout par distinction d'avec le reste de la France. On se considère presque comme "propriétaire" du climat méditerranéen, particulièrement agréable et ensoleillé, d'autant que ce climat rend possible cette vie sociale extérieure tout au long de l'année ainsi qu'une végétation particulière exploitée au maximum. Les Provençaux parlent souvent de "leur" soleil, de "leur" mer, de "leurs" montagnes, avec dévotion et parfois... une pointe de supériorité[1] ! Les arbres plantés sont choisis pour faire de l'ombre l'été, laisser passer le soleil l'hiver, couper la violence du Mistral (vent du nord/nord-est). Les arbres à feuilles persistantes (pins, chênes-verts, cyprès...), les fleurs d'hiver (mimosa, géranium, amandier), sont vécues comme l'expression d'un printemps permanent. La végétation méditerranéenne est largement exploitée dans les habitudes alimentaires (herbes odorantes, oliviers, légumes frais...). On la retrouve, avec l'abeille et l'incontournable cigale, sur les motifs colorés des tissus provençaux. Une légende provençale dit que, après que Dieu ait créé le monde, il lui restait un peu de toutes les merveilles de la Terre sur sa palette, et qu'il en fit la Provence en déclarant *acò sara lou Paradis* "ce sera le Paradis" !

Enfin, le "farniente" provençal est une légende, d'autant qu'il faut ici considérer les temps de conversation comme une activité sociale à part entière : le rythme est rapide, énergique, aisément emporté, surtout dans les grandes villes (Marseille, Toulon, Avignon, Aix...) et la langue compte une grande variétés d'insultes et proverbes moqueurs, notamment à l'intention des personnes indolentes. La conduite automobile à Marseille en donne un exemple saisissant.

---

[1] Même si l'attrait qu'ils représentent provoque un tourisme excessif et produit des désagréments (plus d'un million de touristes résidents, et six millions de touristes passagers l'été).

Des habitudes culinaires marquées

On y a donc des habitudes alimentaires différentes du reste de la France non méditerranéenne, qui sont remarquées pour leurs parfums et pour leurs qualités. La cuisine provençale est d'ailleurs parfois classée dans la cuisine italienne. Sont caractéristiques l'huile d'olive, les herbes odorantes (thym, romarin, sarriette, fenouil, sauge, anis...), l'ail, la tomate (crue ou en sauce), les légumes secs (poischiches, haricots, lentilles...), les légumes charnus (courges, courgettes, aubergines, fèves, navets...) et les crudités (salades, petits artichauts, raves, févettes, cébettes -petits oignons frais-...), les céréales (pâtes, polenta, beignets -dont le célèbre *chichi-fregi*, qui signifie en provençal "petit morceau frit"-, riz), les viandes et abats mijotés, les gratins, les poissons frais dans des plats emblématiques (bouillabaisse, grand aïoli, daube, pieds-paquets, tians -nom provençal d'un plat à gratin et par extension des gratins de légumes-, etc.). Le mélange sucré/salé, les éléments laitiers cuits (beurre, crème fraiche) sont à peu près inusités. Contrairement à une idée répandue à tort, on consomme peu de piment (on préfère si besoin l'anchois ou l'ail cru pour relever un met), peu de poivrons cuits, et on ne mélange pas les herbes n'importe comment[1]. Enfin, la Provence est un pays de vignoble, très étendu du Rhône au Var, aux nombreux grands vins (dont le chef de file est le Châteauneuf-du-Pape), aux rosés fort appréciés, mais elle reste un pays plutôt sobre face à l'alcool. L'apéritif anisé jouit ici comme partout en Méditerranée d'un succès caractéristique, sous le nom de *pastis* (qui signifie "mélange" en provençal).

Fêtes, musique et traditions vivantes

La culture provençale se vit également à travers des traditions vivantes et toujours réactualisées, comme les jeux publics (boules à la provençale ou à la pétanque[2], joutes nautiques appelées *targo*, courses de taureaux à la *bandido* ou à la cocarde), la chasse (très développée en Provence), mais aussi tout simplement les marchés, les repas de fête, la

---

[1] Pour plus de détails, voir Ph. Blanchet et C. Favrat, *Dictionnaire ethnographique de la cuisine de Provence*, Editions Bonneton, Paris, 1994.

[2] Le mot *pétanque* vient du provençal *pèd-tanca* "pieds-joints". Cette variante récente n'est pas la plus traditionnelle de Provence.

promenade sur les allées du dimanche après-midi... Les chants et danses, accompagnés par les instruments locaux (galoubet -sorte de fifre- et tambourin), restent très vivants lors des fêtes de villages et de quartiers. On y porte encore volontiers le costume traditionnel. Quasiment chaque ville ou village a sa fête privilégiée, animée par son groupe de musique et de danse, ainsi que par la participation active des habitants. Les chants traditionnels, souvent polyphoniques, connaissent actuellement un grand renouveau, parallèle à celui de la musique moderne en provençal, qui se concrétise par la multiplication des groupes, des spectacles et des disques (voir bibliographie).

La principale fête provençale est Noël, avec sa suite de rites ancestraux aussi vivaces que laïcisés. Le Nöel chrétien correspond à l'antique fête de la renaissance du soleil, astre particulièrement vénéré en Provence. Ainsi, du blé est mis à germer dans une soucoupe pour la *Santo Barbo* (4 décembre), on installe la crèche et ses santons (de *santoun*, "petit saint"), le "gros souper" du réveillon réunit la famille autour d'une table et d'un menu rituels (avec notamment les célèbres treize desserts), puis on se rend -croyant ou non- à la veillée des bergers (*lou pastrage*) dans une chapelle où l'on entonne de nombreux chants traditionnels (les fameux "noëls provençaux"). Durant la "période calendale[1]", on joue partout la *pastouralo* : c'est une pièce de théâtre chantée en provençal racontant la naissance de Jésus en Provence (car Noël est une fête totalement provençalisée, cf. le décor et les personnages de la crèche). Il existe différentes pastorales selon les régions (la Maurel, l'Audibert, etc. du nom de leur auteur) et des pastorales modernes sont aussi créées de temps en temps.

Une littérature réputée

La langue et la culture provençales sont brillamment illustrées par une création littéraire variée, dynamique et internationalement renommée, ce qui est exceptionnel pour une langue régionale. Les évolutions et difficultés de cette littérature sont liées, entre autres, aux aléas socio-politiques subis notamment du fait de la domination française (cf. chapitre 4).

---

[1] La période de Noël, du 4 décembre (Sainte Barbe) au 3 janvier (Épiphanie). Noël se dit en provençal *Calèndo* (mot d'origine grecque, nom d'une antique fête païenne), d'où l'adjectif *calendau, calendalo*.

La littérature en provençal est marquée par trois grandes périodes. Au Moyen-âge, des Provençaux participèrent au prestigieux mouvement des troubadours, qui influencèrent largement les littératures d'Europe par leurs poésies lyriques ou politiques en langue d'oc (XIe-XIVe siècles). On y compte pour la Provence des auteurs fameux comme Raimbaud d'Orange, Raimbaud de Vaqueyras, Folquet de Marseille, Blacas d'Aups, Boniface de Castellane... Il y eu même une tradition graphique spécifique de copistes provençaux[1]. C'est souvent à ces textes qu'est associée la littérature provençale, par exemple dans les études universitaires à travers le monde, surtout à cause de l'ambigüité du terme *provençal* qui a longtemps désigné l'ensemble du domaine linguistique et littéraire d'oc. Pourtant, on l'a dit, il ne nous reste qu'une connaissance indirecte et parcellaire de ces poésies chantées pour les nobles, qui n'ont pas laissé de traces dans la culture populaire et dans la mémoire collective des Provençaux (excepté de façon symbolique chez quelques lettrés[2]). Dès le XIVe siècle d'ailleurs, cette littérature, qui suit des règles très contraignantes, commence à se scléroser et s'éteint sans continuation directe au XVe s. Les textes littéraires en prose sont rares à cette époque et n'apparaissent vraiment qu'à partir du XIVe siècle (vies de saints), de même que le théâtre (mystères religieux, surtout en Haute-Provence).

La "première renaissance", modeste, au XVIe s., a lieu notamment sous l'influence de poètes italiens (surtout Pétrarque, qui vécut à Avignon), avec un foyer de création poétique autour d'Aix et Marseille (Bellaud, Tronc, Ruffi) puis au XVIIe s. de création théâtrale à Aix (Brueys, Zerbin, Codolet) et de poésies religieuses (Saboly, d'Avignon). On y trouve du provençal populaire, des thèmes très divers, et une esthétique baroque "à l'italienne" qui va dominer la production provençale jusqu'au XVIIIe siècle[3]. Mais la langue de l'écrit et du prestige (donc de la littérature) est

---

[1] Voir les travaux de Zufferey.

[2] Les références qu'y font des écrivains et/ou militants provençaux ultérieurs sont souvent purement déclaratives (on invoque au détour d'une phrase le passé littéraire glorieux du provençal sans en avoir lu de textes) et parfois largement erronées (ainsi dès le XVIe J. de Nostredame écrit une biographie fantaisiste des anciens troubadours présentés comme étant *tous* provençaux !).

[3] On en trouve un excellent exemple dans les pièces de Brueys ou dans les poésies de Pierre Chabert (de Toulon) que j'ai éditées en 1997.

devenue le français, même si l'on écrit encore fort peu en français en Provence. la littérature en provençal va donc se spécialiser largement dans le texte à publication orale (théâtre, chant, poème) et de divertissement (comédie, épîtres, contes).

La créativité en provençal accélère fin XVIIIe s. dans les villes (Aix, Marseille, Arles, Toulon, avec Diouloufet, Gros, Coye, Pélabon). Elle s'épanouit au XIXe avec la *Respelido*, littéralement "le ré-épanouïssement" : c'est, en prolongement de l'intense production d'une littérature populaire dite "ouvrière" ou "paysanne" souvent très réussie et jouissant d'un large succès populaire (V. Gelu, A. Maurel, etc.), l'envol d'une littérature revendicative de prestige avec la fondation en 1854 du *Félibrige* (grand mouvement régionaliste et littéraire), d'abord centré sur Arles et Avignon et dominé par Frédéric Mistral (Prix Nobel en 1904), T. Aubanel, J. Roumanille, etc. Elle se poursuit au XXe s. (avec plusieurs centaines d'auteurs et de grands noms comme D'Arbaud, Baroncelli, Nouveau, Peyre, Bosco, Brauquier, Drutel, Chamson, Bayle, Galtier, Bec, Delavouët, Tennevin, Giély, Resplandin, Courty, etc.,). Les ouvrages sont publiés en majorité par de nombreuses éditions associatives, à l'activité parfois importante (*Marsyas* avant 1945, le G.E.P. dans les années 1950, l'*Astrado Prouvençalo* et C.P.M. depuis les années 1960-1970)[1], pour certains et de plus en plus par des éditeurs professionnels (D'Arbaud chez Grasset, Delavouët chez Corti, divers auteurs chez Edisud récemment, etc.). Certains auteurs sont traduits à l'étranger (ceux du XIXe s., bien sûr, comme Mistral, F. Gras, Aubanel, etc., mais aussi des contemporains comme S. Bec ou L. Bayle) et des anthologies paraissent régulièrement dans des revues parisiennes ou étrangères[2]. Des prix littéraires animent cette vie culturelle, dont les plus réputés sont le Prix Mistral et le Grand prix littéraire de Provence.

Cette littérature a su ne pas se couper des racines populaires (publications d'almanachs, reprises des sources

---

[1] L'*Astrado* compte plusieurs centaines de titres et parmi les meilleurs auteurs actuels à son catalogue, disponible au 7, les Fauvettes, 13130 Berre. Culture Provençale et Méridionale (Raphèle-lès-Arles), spécialisé dans la réédition des grands auteurs du XIXe (dont Mistral), a cessé ses activités en 1998.

[2] Par exemple le n° 28, 1996, de la revue *Estuaires* publiée au Luxembourg ou le n° 21-22 "Poètes provençaux d'aujourd'hui" de la célèbre revue *Polyphonies*, Paris, Editions de la Différence, 1996-97.

traditionnelles, langue usuelle) tout en atteignant un public "spécialisé" au plan local comme international, avec des créations originales. La thématique, très variée, se partage entre des horizons typiquement locaux, des ailleurs et des questions philosophiques universelles. La poésie domine largement pour des raisons compréhensibles (oralité, lyrisme et militance pour une langue minoritaire) mais une prose de qualité se développe de plus en plus (nouvelles et romans). On compte également quelques traductions en provençal de grands textes européens (Pétrarque, Dante, Boccace, Molière, Saint-Exupéry, L. Carroll...). Et si le public des lecteurs de littérature en provençal reste restreint (notamment du fait que la plupart des provençalophones sont uniquement alphabétisés en français à l'école et que l'expression littéraire provençale est marginalisée par les grands médias), l'existence de cette création littéraire est appréciée sur le plan symbolique : elle valorise les références culturelles des Provençaux, pour qui Mistral notamment fait figure de véritable "héros national". Les noëls de Saboly, les contes de Roumanille, les Mireille et Magali de Mistral, la pastorale Maurel, etc., sont profondément entrés dans la mémoire collective provençale.

De nombreux textes sont bilingues, soit parce qu'ils mettent en scène des personnages divers pris dans les fonctionnements sociolinguistiques de la Provence (conflit français-provençal), soit parce qu'une habitude de publier les textes avec traduction en français s'est installée depuis le XIXe siècle, en signe d'ouverture de la culture régionale sur la France et sur le monde (mais aussi d'une certaine dépendance). Il faut signaler que, sur le plan littéraire, la production en français n'est vraiment apparue en Provence qu'à partir du XIXe siècle, c'est-à-dire de la francisation effective de la population, mais a connu depuis un envol magistral avec de grands auteurs, à la fibre souvent régionaliste et dont certains ont aussi écrit en provençal (A. Daudet, E. Rostand, J. Aicard, M. Pagnol, J. Giono, H. Bosco, R. Char, A. Artaud, R. Barjavel, T. Monnier, N. Ciravégna, etc.). Comme dans d'autres domaine de la vie culturelle, malgré le raz-de-marée français, la force de la provençalité est telle qu'elle a imbibé jusqu'à la littérature de langue française.

Une identité culturelle forte et moderne

L'identité culturelle provençale a toujours été et reste

fortement ressentie par les Provençaux et par leur voisins. Nous partageons avec certaines autres cultures périphériques de France, bretonne, basque, corse, la réputation d'un particularisme marqué, voire d'un chauvinisme régional. L'image qu'en donnent les médias parisiens relève souvent du stéréotype, dont la caricature est le Marseillais. Ce stéréotype peut être plutôt positif (Provençaux = gaieté, accent chantant, soleil, vacances, cigales...) ou plutôt négatif (Provençaux = fainéants, hypocrites, bandits, galéjades, non-respect des lois françaises...). Dans tous les cas il a l'inconsistance du stéréotype, mais il montre bien qu'on pense avoir affaire à des gens *différents*, ce que revendiquent plus ou moins haut les Provençaux eux-mêmes. C'est l'une des rares régions où le français régional, provençalisé, a été spontanément érigé en norme du *bien parler* par la population, au détriment du français "standard" d'origine parisienne (comme au Québec). Le sentiment d'être provençal(e), c'est-à-dire de parler, de penser, de vivre, à la provençale, est largement partagé, même s'il est plus ou moins fort selon les lieux, les milieux, les personnes, les époques. De nombreux sondages montrent que les Provençaux se sentent de leur ville et de leur région avant tout, et que l'esprit fédéraliste, républicain, anticentraliste dont ils ont fait preuve par exemple en 1789-93, en 1852, y règne encore largement[1]. La fin du XXe siècle, époque de ré-émergence mondiale des identités, des communautés, des minorités, est celle d'une vaste ré-affirmation publique de l'identité culturelle provençale.

Pour autant, la culture provençale n'est pas le culte d'une prétendue supériorité, d'un enfermement, d'un conservatisme. Elle est de longue date une culture de l'ouverture, de l'accueil, de la modernité, de la transformation. Bien que les Provençaux aient été historiquement, avec les Bretons, à la pointe de la revendication régionaliste en France (le *Felibrige* a été le premier mouvement régionaliste, fondé en 1854, et il est aujourd'hui le plus ancien), aucune dérive proprement "nationaliste", voire terroriste, n'a existé en Provence. Terre de passage et de rencontre, au carrefour de l'axe Rhin-Rhône, de l'axe Espagne-Italie, et de la Méditerranée, la Provence a toujours accueilli de nombreuses populations, intégré leurs apports culturels, et s'y est adaptée, même si ses

---

[1] Refus voté par les Etats de Provence en 1789 de l'annexion unilatérale par la France, révolte fédéraliste de 1793, révolte contre le coup d'état de Napoléon III en 1852.

prédispositions d'origine facilitent les échanges avec l'Italie et la Méditerranée plus qu'avec ce qu'on y appelle "le Nord" (qui commence au delà de Montélimar)... Les Provençaux sont ainsi devenus chrétiens au Ve siècle en conservant un fond de pratiques païennes, puis ils se sont largement déchristianisés à partir du XIXe siècle en conservant leurs fêtes religieuses laïcisées ; ils se sont francisés au XXe siècle en conservant leur provençalité jusque dans leur façon de parler français, ils se sont radicalement modernisés et industrialisés en conservant un profond attachement à leur patrimoine traditionnel et à ses paysages ruraux...

La culture provençale d'aujourd'hui, c'est tout autant la fête en costume traditionnel dans un village de la montagne que le rap des banlieues de Marseille, les réseaux des clans familiaux que la vie du couple moderne, le souvenir de Mistral que le soutien à l'O.M. (l'équipe de football de Marseille) contre le P.S.G. (celle de Paris), etc. Les emblèmes de la culture provençale "traditionnelle", costume, musique, cuisine, etc. sont arborés sous une forme récente, prise au siècle dernier. La musique traditionnelle, les airs de galoubet, sont pour la plupart des mélodies venues d'ailleurs, à la mode dans les grandes villes aux XVIIIe et XIXe siècles, alors notées sur partition et répandues en Provence... Ce ne sont pas des improvisations spontanées de bergers antiques.

Ces apparents paradoxes, cette évolution dans la continuité, font partie constitutive de la culture provençale d'hier et d'aujourd'hui. Ce serait avoir une vision partielle et simpliste de cette culture que de n'y voir que du folklore conservé d'un lointain passé ou qu'une dilution finale dans une modernité uniformisée, française ou internationale. Les acteurs de la vie culturelle en langue provençale témoignent clairement, dans leurs livres, leurs disques, leurs créations, leurs actions, de cette complémentarité entre la fidélité à un patrimoine reçu du passé, l'adaptation au monde moderne et l'ouverture vers un avenir à dimension humaine. A l'heure où s'affirment en France (y compris en Provence) certaines xénophobies et certains nationalismes autoritaires, ils y opposent la culture régionale comme témoignage d'une diversité ouverte, du droit à la différence et à la tolérance, le refus de l'assimilation, la fraternité des opprimés. Depuis les poèmes de Baroncelli jusqu'aux aux chansons de Massilia Sound System en passant par la presse actuelle d'expression provençale et le Festival de Martigues[1], c'est là tout l'esprit de

---

[1] Le festival de danses et de musiques traditionnelles de Martigues, "Théâtre

l'identité culturelle provençale d'aujourd'hui, comme le rappellait Michel Vauzelles, Président de la Région Provence-Alpes-Côte d'Azur, lors de sa prise de fonction en 1998 : *"... un modèle de société plus juste, plus fraternel, conforme à la philosophie de la vie et à l'art de vivre traditionnels de notre région... Nous sommes fiers d'être Provençaux (...) dès lors que notre identité régionale reste fondée sur notre idéal de solidarité"*[1].

---

des cultures du monde", a lieu tous les étés. C'est l'un des plus appréciés de la région. Organisé par le groupe provençal de Martigues *La Capouliero*, comportant un stage de langue et culture provençales, il constitue l'un des hauts lieux de la vie culturelle provençale.

[1] *La Lettre du Conseil de Région Provence-Alpes-Côte d'Azur*, n° 129, octobre 1998, p. 3.

Deuxième partie :

Parla la lengo / Parler la langue

Comme nous l'avons vu dans la première partie (chapitre 2), le provençal est constitué de variétés régionales peu différentes les unes des autres, dont les particularités sont notées par l'orthographe moderne, et dont, volontairement, aucune n'a été érigée en norme standard. Dans cette deuxième partie, j'emploierai mon provençal naturel, d'entre Marseille et Toulon, qui appartient à la variété la plus étendue géographiquement (provençal dit "maritime et intérieur"). Le cas échéant, quelques indications d'équivalence seront données sur l'autre grande variété, celle de la vallée du Rhône.

Par souci d'une certaine démarche pédagogique, et même si cet ouvrage est plus une description linguistique qu'un manuel d'apprentissage, la langue va vous être présentée d'abord par des dialogues en situation et des textes simples. Le symbole ☺ indique que le texte ou l'exemple est disponible sous son numéro sur la cassette d'accompagnement, et je vous propose de commencer par écouter les dialogues plusieurs fois, d'essayer d'en deviner le sens, de répéter les énoncés, puis seulement après de les lire, et d'abord en les écoutant. Ce n'est qu'après cette prise de contact directe que des indications vous seront données sur la prononciation, l'orthographe, la grammaire, le vocabulaire, les façons de dire. Vous pourrez alors revenir à votre gré sur les dialogues et textes du chapitre 6. La troisième partie de cet ouvrage met à votre disposition un lexique de base français-provençal et provençal-français d'environ mille mots, où vous retrouverez l'essentiel du contenu des dialogues. Les extraits de textes littéraires sont traduits en français.

Sachez enfin que si vous avez envie d'en apprendre davantage, des lieux de formation et d'information vous sont proposés en bibliographie... et que rien ne vaut la rencontre avec des gens du pays.

6. Dialogues et textes

☺ (face A de la cassette)

Dialogues en situation

Dialogue A : Au telefone

Objectif : Se comprendre, s'excuser

Gàbi : *Alò ?*
Felipe : *Escóuti ! Bounjou !*
Gàbi : *Hòu ! vous auvìssi mau... Vourriéu parla 'mé Felipe.*
Felipe : *Vo ! Siéu iéu ! Qu mi parlo ?*
Gàbi : *Escusas-mi, poudès repeta ? Ai pas bèn coumprés.*
Felipe : *Siéu iéu, vous diéu !*
Gàbi : *Sigués brave de parla plan... Souàni Felipe. Es aqui ?*
Felipe : *Pamens ! De que vòu dire acò ? Es uno talounado ?*
Gàbi : *Ha... ! Vaqui, aro ma besougno vai bèn.*
Felipe : *E bè, es pas tròu lèu. Aro qu sias e que voulès ?*
Gàbi : *Siéu Gàbi, siés tu Felipe ?*
Felipe : *Adiéu Gàbi ! Segu que siéu iéu ! Que t'arrivo 'mé toun telefone ?*
Gàbi : *Es moun pourtable nòu. L'assàji pèr fa d'esbroufe...*
Felipe : *Ato ! Coumo si dis ? Toun... "pourtable" ? Ve, as que de lou pourta mounte l'as croumpa... e se mi vouas parla, agues pas crento de mi veni vèire, moun coulègo !*

Dialogue B : En famiho

Objectif : Se rencontrer, se présenter

Gàbi : *Hòu Felipe ! Aqui sian ! Ti destóurbi pas ?*
Felipe : *Mai que mi cantes aqui ? Es iéu que t'ai di de veni à l'oustau.*
Gàbi : *Sias en famiho ?*
Felipe : *Vo ! Rintro, ti vau presenta.*
Gàbi : *Bèn lou bounjou en tóuti !*
Tóuti : *Bounjou ! Benvengudo !*
Felipe : *Ti presènti Doumenique, li dian Nìcou. Es moun pichoun fraire, a vinto-vuech an. Acò es Magali, sa fremo.*

Gàbi e iéu sian bouon coulègo despuei d'annado.
Gàbi : *Countènt de vous counouisse. E lou chin, coumo li dien ?*
Nìcou : *A noum Campagnòu. A sièis an.*
Magali : *Mèfi qu'es gaire finòchou 'mé lei caro estrangiero !*
Felipe : *Rèston dins la carriero d'à coustat. Sian quàsi vesin. Campagnòu si crèi d'èstre à soun oustau.*
Gàbi : *Tè ! que mi lipo la man ! Avèn ja fa counouissènci, tóuti dous.*
Felipe : *Osco ! Duou nifla que fas lou farmacian oumeoupate, sabes...*
Nìcou : *Es un bèu mestié. Mai d'abitudo lou chin a pòu dóu veterinàri !*
Felipe : *Bessai, mai aquéu toco touto la journado de baloto de sucre !*

Dialogue C : Au marçat

Objectif : Demander quelque chose

La marchando : *Es de mèu, mei meloun, es de mèu... N'en voulès, ma bello ?*
Magali : *Poudès m'ajuda pèr lei trouva ?*
La marchando : *Bèn segu que vo... Quant vous n'en mèti ?*
Magali : *Esperas un pau... dounas-m'en sièis, tres pèr miejou e leis autre pèr deman.*
La marchando : *Coumo vous agradon ? Bèn madu ? Gros vo pichoun ?*
Magali : *Sàbi pas... mita mita, li aura la chausido.*
La marchando : *Avès resoun, ma bello, cadun soun goust fa bouano vido, que ?*
Magali : *Aquélei tres, es pèr encuei ? Boutas-mi-lei dins uno saco à despart, vai, sarés bravo.*
La marchando : *Nàni, lei chaspés pas, ma nino, que leis anas escagassa.*
Lou marchand : *E s'es pas braveto, la patrouno, demandas-mi à iéu, vous lei fau tasta, vous fau lou paquetoun emé la ganso, e tout aro es iéu que vous pàgui talamen qu'es un plesi de vous èstre d'ajudo !*
La marchando : *Escoutas-lou, aquéu, es pas bèu ? Ve, vous n'en mèti sèt au pres de sièis pèr tapa lou coufin.*
Magali : *Vous remerciéu bèn, Madamo, em'acò quant*

vous dùvi ?
La marchando : *Vinto-vue, se vous plais.*
Magali : *Vaqui trento franc. Gardas la mounedo. Au revèire !*
Lou marchand : *Zou, Chau ! A si revèire...*

Dialogue D : <u>L'auvàri de veituro</u>

Objectif : Proposer quelque chose

Gàbi : *Alor avès dins l'idèio de mi croumpa ma veituro, Damisello ?*
Estello : *Perqué Pas ? Quouro ai legi l'anóunci dins lou journau, mi pensàvi pas qu'èro aquelo de moun counfraire de mestié...*
Gàbi : *Vous agradarié de la mena un pau vèire ?*
Estello : *Ato segu, s'avèn lou tèms d'uno virado.*
Gàbi : *S'acò vous counvèn, poudrian quita la vilo e barrula sus lei pichóunei routo e dins lei coualo...*
Estello : *Acò mi vai charmant ! Anen-li, zou...*
(...)
Gàbi : *Se voulès vira à man drecho, la routo passo dins lei restanco de vigno. La visto es poulido coumo un tablèu.*
Estello : *Es uno virado croumparello o uno passejado roumantico ?... Tè, lou signau que parpelejo, lou moutur caufo !*
Gàbi : *Ai, ai, ai ! Tournamai ! Arrestas-vous lèu-lèu !*
Estello : *M'anas pas fa lou còup de la pano, pamens ! Ve, l'a un jouèine tipe dins la vigno, demandas-li que vous doune la man...*
Gàbi : *Bord que va dias... Hòu l'ome ! Bounjou ! Sian en pano...*
Lou jouèine : *Coumprèni... sènte l'òli crema. Poudrés plus reparti. Vous fau ana trouva un garagisto.*
Estello : *E n'a un, dins lou caire ?*
Lou jouèine : *Au vilàgi, à cinq kiloumètre. Vous li mèni sus ma biciéucleto, se voulès... Lou moussu esperara 'qui, he ?*
Estello : *D'acòrdi ! E lou moussu s'adoubara soulet. N'ai moun proun. Sa veituro m'interèsso pas mai. Crèsi que croumparai pulèu un velò...*

Dialogue E : *Lou camin*

Objectif : Situer dans l'espace

Gàbi : *Fès escuso, moussu, mi sauprias dire lou camin dóu vilàgi.*
L'ome : *Es un pau coumplica. Proumié, mountas la routo tout dre. Damount de la mountagneto, davalas en seguissènt lei recouide de l'uba.*
Gàbi : *Es toujou la mumo routo ?*
L'ome : *Ha vouei, riscas pas de vous engana. Arrivas puei au crousamen. Aqui lei panèu marcon Cantarello à gaucho. Leis escoutés pas que vous van fa d'alòngui. Prenès tout dre pèr la pinedo.*
Gàbi : *Mai es uno routo o un camin ?*
L'ome : *Uno routo, pardiéu, e bèn enquitranado. Vous inquietés pas, vai ! Au mitan dóu bouas l'a un gros recouide à drecho, puei un autre à gaucho. Fès tira enca mai, e vous capitarés à l'intrado dóu vilàgi, darrié lou municipe.*
Gàbi : *Brave ! Aqui l'aura de mounde pèr mi douna d'esplico ?*
L'ome : *Darrié la glèio l'a lou terren de bocho. A l'ouro que sian, se li soun pas, es que soun au bar. Li mancarés pas.*
Gàbi : *Acò duou faire uno bravo estirado d'à pèd ?*
L'ome : *Ha ! Voulès l'ana d'à pèd ? Alor es mai court, se prenès la draio, aqui davans, après lou pouont de bescànti. Mai l'a de còdou e sias gaire atrenca pèr camina, moussu, se permetès...*
Gàbi : *Pouàdi pas faire autramen, ai la veituro en pano e mi fau ana querre lou garagisto.*
L'ome : *Fan de chìchou, avès l'estello, sabès ! Cerqués plus vouaste camin : lou garagisto, es iéu !*

Dialogue F : *Prene lou trin*

Objectif : Situer dans le temps

Felipe : *Alò ?*
Gàbi : *Felipe ? Que joio de t'aganta, digo ! Fa douas ouro que ti cèrqui. Regrèti pas d'agué carreja lou pourtable...*
Felipe : *Aro que marcho pòu puei sarvi. Mai dins qùntou*

pàti ti siés mai garça ?
Gàbi : *Ai agu 'n auvàri 'mé la veituro tout escas. Lou moutur cremè dóu caire de Cantarello. Fòu que retóurni 'mé lou trin. N'a un à dès ouro que mi meno au nouastre à dès ouro e miejo.*
Felipe : *N'a pas mai lèu ? Subretout que vai pas vite e qu'es toujou tardié...*
Gàbi : *E noun, pecaire ! Mi pouas veni querre à la garo ? Caminèri tres ouro de tèms, vai faire nue, e siéu creba...*
Felipe : *T'en fagues pas. Sarai aqui pèr ti metre au lié. Mai èro vièio, ta veituro ?*
Gàbi : *Boudiéu ! L'aviéu despuei douge an e l'aviéu croumpado d'óucasien... E dire qu'aièr mi cresiéu de la pousqué vèndre avans que petèsse...*
Felipe : *Aquelo tubo ! As plus que de n'en trouva uno novo deman.*
Gàbi : *Ha siés finòchou, tu ! Mi faudra proumié espargna lei sòu...*
Felipe : *As que de passa diminche que vèn, ti n'en prestarai un pau.*
Gàbi : *Em'acò, mi n'en pourgirai uno vieiasso que petara dins quàuquei mes, e pas mai.*
Felipe : *Alor tèn-ti gaiard e à l'an que vèn !*
Gàbi : *Adessias... o pulèu à tout aro ?*

<u>Dialogue G</u> : *En ribo de mar*

Objectif : Caractériser

Nìcou : *Aurian pas degu veni encuei. Lou dissate, à la mar, lou mounde s'esquichon coumo d'anchoio.*
Felipe : *E s'anavian sus lei gros roucas, à la pouncho de la calanco ?*
Gàbi : *Jamai de la vido ! Vèni de vèire Estello sus la plajo.*
Felipe : *La fiho de la veituro ?*
Gàbi : *Vo ! tè, es aqui tout dre, viès ?*
Nìcou : *Viéu rèn, l'a tròu de gènt. Coumo es ?*
Gàbi : *Es pas tròu grando, poupudo coumo fòu, lei chivu negre, long.*
Felipe : *Pèr parla clar, es uno grosso bouto moustachudo... Si duou remarca...*
Gàbi : *Taiso-ti, marrias, es bello coumo un soulèu. Aquelo qu'a lou maiot blu, aqui...*

Nìcou : *Ha la viéu ! A lei tetè à l'èr ? Hòu couquin ! Mai es touto seco 'mé de gambo que dirias de raioun de velò !*
Felipe : *Es que li agrado, la biciéucleto, sas !*
Gàbi : *Que noun, a lou maiot d'uno pèço e de boutèu fa au mole, ti troumpes, calu ! Aquelo que diès a li braieto verdo e rèsto pas de boulega. La miéuno es assetado darrié la troupo de móussi que fan lou castèu. Legisse.*
Magali : *S'es puei la "tiéuno", as que de t'ana istala pròchi d'elo, coumo se de rèn noun èro, couièti ! Nautre vous leissan la sablo e s'anan escoundre dins lei roco blanco, damount. S'as besoun d'ajudo...*
Felipe : *T'en fagues pas, vai, n'a encapa d'uno proun inteligènto...*

Dialogue H : *Pèr Calèndo*

Objectif : Apprécier et comparer

Lou papet : *Regalas-vous tóuti que Mamet vous a alesti la mai bello dei taulo calendalo.*
La mamet : *E lei pichounet nous an fa uno crècho fouaço poulido, tambèn.*
Nìcou : *Ha ! Calèndo es encaro plus bèu que tóuti leis àutrei fèsto ! Cadun fa de soun miés.*
Magali : *E lou blad de Santo-Barbo ? L'avès óublida ?*
Felipe : *Noun, es aquito sus lou bufet. Si vis mens que sus la taulo, mai avian pas proun de plaço.*
La mamet : *Es tant bèu mounte que siegue. Avès vist coumo a bèn creissu ?*
Lou papet : *Dau, zou, es tèms de manja, parai lei pichoun ?*
Miquèu : *Vo, vo ! Lei trege dessert ! Es lou meiou !*
Nìcou : *D'aise, moun fiéu, un pau mai de paciènci. Aro n'en sian ei cruvelu. A iéu m'agrado lou mai.*
Mirèio : *Em'acò pèr iéu es lou piègi...*
La mamet : *Vène, ma poulido, Papet t'a taia douas bèllei lesco de cambajoun, que sàbi que lou preferisses.*
Mirèio : *Marci Papet, marci Mamet, vous àimi de tout moun couar.*
Lou papet : *Manjo, ma nino. Mi farié peno que ma pichouneto siguèsse pas jouiouso un jou coumo encuei. E tu, Felipe, douarbe-mi 'questo boutiho de Bandòu.*
Felipe : *Alò, Paire Nouvè ? Acò's pas un marrit caprìci, que ? E just-e-just pèr que sei grand si pouascon moustra*

brave. Alor poudès mena lei presènt... e pas tròu d'ouro qu'anan fa un pau tira 'quéu soupa meravihous.

Dialogue I : *La partido de bocho*

Objectif : Expliquer, convaincre

Nìcou : *Iéu ti diéu que se passes d'aqui, ta bocho vai segui la pèndo e que vas manca lou poun.*
Felipe : *N'en siéu pas segu... Perqué capitariéu pas coumo l'ouncle Janot ?*
Lou papet : *Perqué lei vièi an puei lou biais pèr douna d'efèt ei bocho, mentre que tu, fiéu, au contro, as panca bèn lou gàubi.*
Janot : *Fòu dire que éu a pas coumo nàutrei retira, li manco lou tèms pèr s'eiserça. A soun obro de mestié, tambèn !*
Nìcou : *Adounc, fariés miés de tira. Coumo es la darriero bocho...*
Felipe : *Eiceta 'quelo dóu paire... Uno, si vai pas chaspa pèr la plaça, quouro aurai tira... Dous, se fau un àrri, marcaran dous poun.*
Lou papet : *Hòu, n'a proun d'èstre en chancello. Barjacas despuei l'an pebre ! Zou, sànti-bèlli, juego que si fèn vièi.*
Felipe : *En mai d'acò mi limo lei nèrvi ! De tout segu lou vau manca... Basto ! La plàci.*
Janot : *Ve... ve... que vai teta lou bouchoun... E nàni, a caga sus lou coustat. Avié resoun toun fraire, pamens.*
Lou papet : *Empacho pas qu'as bessai pas 'gu tort. Qu saup ? Crèsi qu'auriéu fa coumo tu. Mi rapèlli un còup, pèr eisèmple...*
Nìcou : *Bè tè, pulèu que de barjaca, assajo, bord que va diès !*
Lou papet : *Diéu pas de noun... E vaqui, dous pèr nautre e uno autro partido gagnado. Mai plourés pas, vous pàgui l'anis.*

Dialogue J : *L'istòri de l'escolo*

Objectif : Raconter

Miquèu : *Mama ! Sabes pas ce que s'es passa à l'escolo ?*
Magali : *Pancaro, moun gàrri, mai sènti que lou vas*

counta, mi tróumpi ?
Mirèio : *Noun, Ma, ti troumpes pas. Em'aquéu gros barjacaire...*
Miquèu : *Dóu tèms de la recreacien, jugavian ei pogs em'Aleissandre e Matiéu. Tout d'un tèms lou gros Max si rounso sus iéu emé sa chourmo de maufatan e nous raubon tout !*
Magali : *E de qu'avès fa ?*
Mirèio : *Bounur que Nouredine e Pèire vous ajudèron !*
Miquèu : *Vo ! Quouro nous an toumba pèr nous prene lei pogs, passavon tóuti dous. Si soun revira e nous an douna la man. Proumié Pèire fè gambeto à Max, e puei Nouré couchè sei coulègo en fènt vira à touto vitesso soun cartable. Pamens lou gros voulié pas lacha lei besougno, li toursèri lou pougnet. Bramavo coumo un ai !*
Magali : *Li as pas fa mau, pamens ?*
Mirèio : *T'en fagues pas, Ma, lei drole, es soulide !*
Miquèu : *Fin finalo li derraberian lei pogs dei det, em'acò éu s'escapè.*
Mirèio : *Mai perqué vous lei voulié rauba ?*
Miquèu : *N'avié proubable perdu fouaço e poudié plus juga contro degun. Alor a fa lou dur.*
Magali : *Aquéli que vous pourtèron secous, leis avès remarcia ?*
Miquèu : *Nouré e Pèire ? Li avèn pourgi un kini cadun e si sian jura l'amista !*
Mirèio : *Es esta un gros afaire, à l'escolo. Aro vous rèsto plus que de vous perdouna 'mé Max. Coumo 'cò, plus gié de garrouio !*

Textes littéraires et traductions[1]

☺

<u>Texte I : Frederi Mistral, "Au pople nostre", *Lis Óulivado*, 1912</u> (provençal de la vallée du Rhône)

Paure pople de Prouvènço,
Sèmpre mai entamena,
Sènso sousto ni defènso,
Is óutrage abandouna !

A l'escolo te derrabon

---
[1] Les explicitations entre crochets sont de Ph. Blanchet.

*Lou lengage de ti grand
E toun desounour acabon
Pople, en te desnaturant.*

*Di vièi mot de toun usage
Ounte pènses libramen
Un arlèri de passage
T'enebis lou parlamen.*

*Te mastrouion li cervello,
T'endóutrinon coume un niais,
Pèr fin que la manivello
Vire tóuti au meme biais.*

*Toun Istòri descounèisson,
Te la conton d'à rebous ;
E te drèisson, te redrèisson
Tau qu'un pople de gibous.*

*Te fan crèire que sa luno
Briho mai que toun soulèu,
E toun amo s'empaluno,
Aplatido em'un roulèu.*

(...)

*Fose ti cantoun, refose !
Parlo fièr toun prouvençau,
Qu'entre mar, Durènço e Rose
Fai bon viéure, Diéu lou saup !*

Traduction (par Frédéric Mistral) : "A notre peuple", *Les Olivades*[1].

Pauvre peuple de Provence,
Entamé de plus en plus,
Sans abri et sans défense,
Aux outrages abandonnés !

A l'école on t'arrache

---

[1] Provençalisme signifiant littéralement "la récolte des olives", qui se fait au début de l'hiver. Mistral a 82 ans quand il publie sous ce titre sa dernière œuvre, en pleine période de francisation autoritaire de la Provence.

Le langage de tes aïeux,
Et l'on achève ton déshonneur,
Peuple, en te dénaturant.

Des vieux mots de ton usage
Où tu penses librement
Un impertinent de passage
T'interdit le parler.

On patine [malaxe] ton cerveau,
Comme un niais on t'endoctrine
Afin que la manivelle
Tourne tous au même biais.

On méconnaît ton Histoire,
On te la conte à rebours ;
On te dresse et te redresse
Tel qu'un peuple de bossus.

Ils te font croire que leur lune
Brille plus que ton soleil,
Et ton âme s'enlise [dans un marécage],
Aplatie sous le rouleau.

(...)

Fouille tes lopins, refouille !![1]
Parle fier ton provençal ;
Si [car] entre mer, Durance et Rhône,
Il fait bon vivre, Dieu le sait !

<u>Texte II : Jóusè d'Arbaud, *La bèstio dóu Vacarés,* roman, Grasset, 1926</u> (provençal de Camargue)

Aro, vesiéu plus li clavo, mai m'atenciounave à camina dre dins lou carreiroun que lou verre avié tira, se coumprenié, dins l'espes de la sagagnasso, touto entresecado, d'aquesto sesoun. Pèr bèn dire, emai l'andano me semblèsse ressarrado e menudo à respèt d'un animalas tant dins terro coume aquest e tant retapa, fasiéu moun proun pèr pas m'escarta dóu rode e me teni d'avisa, quouro Clar-de-Luno [chivau], qu'es aurouge, faguè un escart sènso rimo

---

[1] C'est-à-dire "travaille ta terre, cherche les racines de ton pays"

ni resoun, tout lou mens à moun vejaire, e piquè de quiéu dins uno gargato que n'aguè de peno pèr se póutira. Quand s'encaperian, éu emé iéu, tóuti dous sus lou ferme, en terro sauvo, aguère mai perdu li clavo e, estènt qu'à bono ouro la niue venié, prenguère mis amiro, remarquère l'endrechiero, en me decidant de repassa, s'èro necite, tout l'Estang-Redoun e de reprendre au pu lèu aquesto coucho.

Traduction (par Joseph d'Arbaud) : *La bête du Vacarès*

Je ne voyais plus les claves ["traces de sabots"], maintenant, mais je m'attachais à cheminer constamment dans le passage que le solitaire [sanglier] avait dû s'ouvrir dans la masse des roseaux toute desséchée en cette saison. A vrai dire, bien que la trouée me parut étroite et menue pour un animal aussi près de terre sur ses jambes et aussi pesant, je mettais tous mes soins à ne m'en point écarter et à me tenir sur mes gardes, lorsque Clair-de-Lune [cheval], qui est poltron, ayant fait un écart sans raison, du moins apparente, tomba de l'arrière-train dans un trou de vase, dont il eut toutes les peines du monde à nous tirer saufs. Lorsque nous fûmes, lui et moi, en terre plus ferme, toute trace était perdue et comme, de bonne heure, la nuit tombait, je m'orientai, relevai la direction, me promettant de battre, s'il le fallait, tout l'Etang-Redon et de reprendre au plus tôt cette poursuite.

<u>Texte III : Jan-Pèire Tenevin, *La Countagien*, théâtre, 1978</u> (provençal marseillais)

Lou poste : Veici leis enformacien. Marsiho, la marrido fèbre aurié fa quàuquei vitimo de mai seloun un messàgi arriba pèr lou còchou e qu'an panca counfierma. La situacien, pamens, es bèn en man. Tóuti lei gènt que soun pas malaut rèston franc de maladié, e lei que soun touca an touca lou couar de tout lou peïs ; de quistaire e de quistarello quistaran pèr carriero diminche que vèn. A-n-aquélei que dounaran à-n-aquelo quisto, sera espingoula au revès de l'abit uno flous de matèri plastico rapresentant un buboun. Lou gouvernamen, pèr prene d'acóurchi la famino qu'amenaçavo a manda de la capitalo quatre carreto de caulet-flòri e cinq banasto de favo fresco. Lou Menistre de la santa a counsurta quatre medecin de la Facurta de

Paris, lei dóutour Akakia, Fagoun, Purgoun e Diafouàrus, qu'an declara que l'encauso dóu mau èro lou marrit èr qu'avié boufa, que boufo e que boufarié encaro enjusqu'aqui que boufèsse plus souto coundicien que countunièsse plus de boufa.

Traduction (par Ph. Blanchet)

La radio : Voici les informations. Marseille, la mauvaise fièvre aurait fait quelques victimes de plus selon un message arrivé par la diligence et qui n'a pas encore été confirmé. La situation est toutefois bien en main. Toutes les personnes qui ne sont pas malades sont exemptes de maladie, et celles qui sont touchées ont touché le cœur du pays ; de quêteurs et des quêteuses quêteront dans les rues dimanche prochain. On épinglera au revers du vêtement de ceux qui donneront à cette quête une fleur de matière plastique représentant un bubon. Le gouvernement, pour prendre de vitesse la famine qui menaçait, a envoyé de la capitale quatre charrettes de choux-fleurs et cinq paniers de fèves fraîches. Le Ministre de la santé a consulté quatre médecins de la Faculté de Paris, les docteurs Akakya, Fasse, Purgeon et Diafoirus, qui ont déclaré que la cause du mal était le mauvais vent qui avait soufflé, qui souffle et qui soufflerait encore jusqu'à ce qu'il ne souffle plus, à condition qu'il ne continue pas à souffler.

Texte IV : Andriéu Degioanni, *L'an pebre. Chroniques du pays provençal*, La Poterne, 1985. (provençal de l'arrière-pays varois)

Arribavo emé la Candeloua e lou mistrau. Lou vènt terrau boufavo à embala la coua eis ai. E sèmpre sus la coualo, de talarigno de niéulo coulour floureto, que s'esperloungavon e rougejavon lou sèr. Parèis qu'en aquéu tèms, l'ivèr s'en va vo repren voio... L'ourse vo lou loup si descaunon vo s'encaunon... Cacalóuchou, éu, èro carga coume uno saumo, carga d'ivèr emé d'auvàri. Tout just poudié camina. De marrit drole li cridavon : "iéu viéu un ai que sente pas sa cargo, iéu viéu un ai que sente pas soun fais". Risoulejavo. Bèn lèu lei drole serien proche d'éu, à soun caire. Leis enfadavo.

Traduction (par André Degioanni)[1] :

Il arrivait à la Chandeleur, avec le mistral. Le vent terral [le mistral] soufflait à emporter la queue des ânes. Malgré cela, sur les collines serrées, des toiles d'araignées de nuages lie-de-vin s'allongeaient et rougeoyaient au crépuscule. En ce temps-là [dit-on], l'hiver s'en va ou prend vigueur... L'ours et le loup sortent de leur grotte pour se nourrir (d'autre chose que de vent), ou bien (c'est plus grave), ils y retournent. Cacalouchou, lui, était chargé comme une ânesse, chargé d'hivers et de haillons. Il pouvait tout juste marcher. Les [mauvais] gamins (excités par le vent), criaient : "Je vois un âne qui ne sent pas sa charge, je vois un âne qui ne sent pas son faix". Il riait, angélique. Bientôt les enfants (fantasques) seraient près de lui, ne le lâcheraient plus. Il les envoûtait.

<u>Texte V : Lewis Carroll, *Li venturo de Liseto au païs estraourdinàri*, revira e asata pèr Felipe Blanchet, Aix, Edisud, 1998</u>[2] (provençal de diverses régions de Provence)

Restountiguè pièi uno voues coulerouso... aquelo dóu Lapin : "Ze ! Ze ! Mai ounte sias ?!" En seguido uno voues que Liseto avié pancaro decelado : "Siéu aqui, Moussu, siéu aqui ! Ato ! Culissi de poumo."
"-Es bèn lou moumen de culi de poumo !" renè lou Lapin, "Aquito ! D'ajudo ! Sourtès-me pulèu d'aquéu pàti !" (clin-clan di brisoun de vèire).
"Aro, digas-me, Ze, de qu'es acò pèr la fenèstro ?"
"-Ato ! es un bras, Moussu." (prounounciavo "bra")
"-Un bras, couioun ! Avès deja vist de bras d'acò gros ? Tapo la fenèstro touto !"
"-Ato segu ! es verai, Moussu. Em'oucò empacho pas qu'es un bras..."
"-Peh !! Aqui fai figuro coume uno barrugo sus lou nas d'uno damo. Anas me lou leva !"

---

[1] Les parenthèses indiquent ce que l'auteur a ajouté en traduisant.
[2] Adaptation en provençal de l'œuvre anglaise de L. Carroll connue en français sous le titre *Les aventures d'Alice au pays des merveilles*. La version française ajoutée plus bas est une re-traduction de la traduction en provençal du texte original en anglais.

Liseto perçaupeguè pièi lou gros silènci, emai quàuqui mot escambia à la chut-chut : "Ato segu ! Acò m'agrado gaire, Moussu ! em'oucò gaire gaire !" "Fai ço que te dise, gros petachous !".

Re-traduction (par Ph. Blanchet)

Une voix coléreuse rentetit ensuite... celle du Lapin : "Jo ! Jo ! Mais où êtes-vous ?!" Et suivit une voix que Lisette [Alice] n'avait pas encore remarquée : "Je suis là, Monsieur, je suis là ! Je cueille des pommes !"
"-C'est bien le moment de cueillir des pommes !" râla le Lapin, "Ici ! A l'aide ! Sortez-moi plutôt de ce bazar !" (bruit du verre brisé).
"Maintenant dites-moi, Jo, qu'est-ce que c'est, ça, qui sort par la fenêtre ?"
"-Ben, c'est un bras, Monsieur." (il prononçait "brrra")
"-Un bras, idiot ! Vous avez déjà vu des bras de cette taille ? Il bouche toute la fenêtre !"
"-Ça c'est bien vrai, M'sieur. Mais n'empêche que c'est un bras..."
"-Pfff ! Il est à sa place comme une verrue sur le nez d'une dame. Allez me l'enlever !"
Lisette perçut ensuite un grand silence, ainsi que quelques mots échangés à voix basse : "Pour sûr ! Ça me plait pas beaucoup, M'sieur ! Ça non, pas beaucoup du tout !"
"Fais ce que je te dis, peureux !"

7. Prononciation et orthographe

Pour la commodité de la lecture, les sons sont transcrits selon les habitudes françaises et les mots sont orthographiés en provençal (avec les consonnes muettes entre parenthèses si nécessaire). Je n'emploierai de transcription en alphabet phonétique international (API) qu'en complément, lorsque ce sera indispensable, et toujours entre crochets [ ]. Les exemples cités portant le logo ☺ suivi d'un numéro sont enregistrés sous ce même numéro sur la face B de la cassette d'accompagnement.

7. 1. Prononciation

Les voyelles

a) Le provençal compte six voyelles de base à l'oral : *a, é, i, o, ou, u*. Le *a* est toujours prononcé très ouvert. Il n'y a pas de différence significative entre *é* fermé et *è* ouvert, dont les prononciations varient beaucoup. Le son *o* est toujours prononcé très ouvert, comme dans le français *fort*, notamment lorsqu'il est en position tonique et même à la finale : écoutez la prononciation de *qu'es acò ?* "qu'est-ce que c'est ?" (☺ n°1). Le *o* est très rarement fermé (comme dans le français *tôt*), seulement dans des cas particuliers, mais où un *o* ouvert reste quand même possible[1]. Ce *o* ouvert est d'ailleurs largement diphtongué en *ouo, oua* ou parfois *oue* lorsqu'il porte la tonique (voir ci-dessous), et ceci dans la grande majorité des parlers provençaux à l'exception de ceux de la vallée du Rhône. Les mots latins *mortu, bonu, porta* ont ainsi donné *mouart, bouon* ou *bouan, pouarto* "mort, bon, porte" (sauf *mort, bon, porto* dans la vallée du Rhône) (☺ n°2).

La différence *o/oua* est malgré tout conservée dans tous les parlers à diphtongaison du *o*, et permet de distinguer des mots proches dont le sens est différent :

por(t)/pouar(c)	"port/porc"	☺ n°3
for(t)/fouar(t)	"fort (nom)/fort (adj.)"	☺ n°4
cor(s)/couar	"corps/cœur"	☺ n°5

Le son écrit *eu, e*, en français n'existe en provençal que comme façon de prononcer le *u*. Dans l'orthographe provençale, la lettre *e* note toujours le son *é* ou *è*. En revanche, la lettre *u* peut être lue soit comme un *u* soit comme un *eu* français ([œ, ø] en API), plus ou moins ouvert ou fermé, car des mots comme *tu, sachu, tubo, ensuca* "toi, su, fume, assommé" sont prononcés soit avec des *u* (☺ n°6), soit avec des *eu* [œ, ø] (☺ n° 7). L'orthographe ne note pas

---

[1] C'est l'une des règles que les Provençaux ont partiellement transférée dans leur façon de prononcer le français et qui les fait aisément identifier. Inversement, des *o* toniques fermés en provençal (ou en français) sont aussitôt perçus comme une caractéristique (risible...) des "nordiques" et autres "parisiens".

cette variante phonétique car elle n'entraine jamais de distinction entre des mots ayant des sens différents[1].

Il est toutefois fréquent que le *é-è* soit transformé en *u* (prononcé *eu* ou *u*, [œ, ø, y]) dans des mots où il est au contact des consonnes *p, b, m, f, v*, et où cela ne crée pas d'ambigüité de sens avec un autre mot. Ceci est dû à l'articulation de ces consonnes avec les lèvres, qui influence celle du *é-è*, lequel tend alors à sonner comme un *eu* ou un *u* (en API [œ, ø, y]). Ce phénomène n'a lieu que dans une seule direction (les *u* ne passent pas à *é*). L'orthographe provençale, conçue pour noter les variations fondamentales de la langue, permet d'écrire ces mots avec un *u*, puisque dans d'autres cas la différence *u/e* est significative (par exemple *pero/puro* "poire/pure"). On entendra et lira donc par exemple les équivalents phonétiques suivants :

fremo, frumo	"femme"	☺ n°8
meme, mume	"même"	☺ n°9
pesca, pusca	"pêcher" (le poisson)	☺ n°10
bèvi, bùvi	"je bois"	☺ n°11

b) La liaison entre la voyelle finale d'un mot et la première du mot qui suit peut se faire -et se fait souvent- en éliminant l'une des deux voyelles, notamment la finale du premier mot si elle n'est pas tonique. L'élision est quasi systématique pour les mots-outils (article, prépositions, conjonctions, etc.). Pour les autres mots, elle est variable. Cela rappelle l'élision du *-e* final de *une* en français. Dans les exemples qui suivent, la voyelle qui disparait est mise entre parenthèses et la syllabe tonique est soulignée :

un(o) am<u>ig</u>(o) anc<u>ia</u>no	"une amie ancienne"	☺ n°12
l'<u>om</u>(e) arr<u>iv</u>(o) a<u>qui</u>	"l'homme arrive ici"	☺ n°13
es veng<u>u</u> (a)<u>qui</u>	"Il est venu ici"	☺ n°14
Ai pas di (a)cò	"Je n'ai pas dit ça"	☺ n°15

---

[1] Il n'y a qu'une exception orthographique, celle d'un *eu* particulier (API [œ, ø]), limité à l'évolution d'un certain son latin dans la vallée du Rhône, et que l'on trouve dans seulement quelques mots comme *niue, vue, kiue* "nuit, huit, cuit". Il est alors écrit *ue* parce que son équivalent dans le reste de la Provence est effectivement prononcé *ué* (API [ɥe]) : *nue, vue, cue*, mais on peut aussi l'écrire *u* : *niu, vu, kiu*.

De même, lorsque la voyelle finale d'un mot est la même que la première du mot qui suit, elles se fondent en une seule voyelle prononcée d'une seule émission de voix. On entend ainsi : *Ai parla à Agustin* "j'ai parlé à Augustin" prononcé *ai parla (...) gustin* (☺ n°16), *Mi sachè escouta* "il a su m'écouter" prononcé *mi sachè (e)scouta* (☺ n°17). Parfois cela a conduit à la création d'un véritable mot nouveau : *pa(s) encaro* a donné *pancaro* "pas encore", *se un co(p)* "si une fois" a donné *sencò* ou *souncò* "lorsque". Un autre système, concurrent, consiste à éviter le hiatus en insérant une consonne euphonique, par ex. *Ai parla à-n-Agustin*. Cf. Consonnes, point f. ci-dessous.

c) Il n'y a pas à proprement parler en provençal de "voyelles nasales" telles qu'on en trouve en français non méridional ou en breton, par exemple. Lorsqu'une voyelle est suivie d'une consonne nasale (écrite *n, m*), consonne finale ou précédent une autre consonne, la prononciation de la voyelle n'est pas modifiée, ni vraiment nasalisée (seulement partiellement). En fait, c'est la consonne qui est modifiée, sous forme de résonnances nasales diverses, quand elle n'est pas conservée telle quelle (voir consonnes ci-dessous). Exemples :
-*pan, bèn, bouon, dilun, trin, mouloun* ("pain, bien, bon, train, lundi, tas) ☺ n°18 ;
-*canta, sènti, conto, qùntou, pinta, mounde* ("chanter, je sens, compte, quel, peindre, monde) ☺ n°19 ;
-*gambo, empache, timbre, toumbo* ("jambe, gêne, timbre, il tombe) ☺ n°20 ;
-*enfle, gounfle, envejo* ("enflé, gonflé, envie") ☺ n°21.

Les diphtongues

L'une des caractéristiques majeures de la langue provençale est la présence importante de diphtongues, c'est-à-dire de paires de voyelles émises en une seule syllabe.

a) Les diphtongues montantes ne posent en général aucun problème à l'apprenant extérieur. On rencontre les groupes :
-[w + voyelle] écrit *ou + voyelle* (*oua, oue, ouo*), par exemple *bouano, boueno, bouono* "bonne" selon les parlers. Le *oua* correspond à ce qu'en français on écrit *oi*. Certains parlers n'ont que la variante en *oua*, d'autres associent les

différentes variantes selon les sons qui suivent (par exemple *bouon* mais *bouano*), la variante en *oue* n'étant plus attestée que de façon irrégulière dans la région marseillaise et quelques villages du Var. Cette diphtongue, issue d'un *o* tonique latin dans la plupart des cas, est rare dans la vallée du Rhône où ce *o* s'est maintenu sans diphtonguer.

-[j + voyelle] écrit *i* + *voyelle* (*ia, ié, iè, io, iou*), par exemple, *liame, fiero, faiòu, couioun* "lien, foire, haricot, idiot" (☺ n°22). Dans les cas où le son [j] est issu d'un ancien "l mouillé" (noté *ll* ou *lh* en ancien provençal) et suit un *i*, on l'écrit aujourd'hui *h* : *fiho, quiha* "fille, percher". On rencontre également le groupe *iu* pour transcrire une prononciation propre à la vallée du Rhône dans des mots comme *niu* ou *niue* "nuit".

-[ɥ + voyelle] écrit *u* + *voyelle* (*ue*) par exemple : *nue, duèrmi, muelo, aduerre* "nuit, je dors, mule, apporter" (☺ n°23). Il arrive que le groupe *ua*, habituellement prononcé en deux syllabes, soit réduit à une diphtongue montante : *tua* prononcé d'une seule syllabe, au lieu de *tu-a*.

b) Les diphtongues descendantes sont plus difficiles à prononcer pour qui n'en a pas l'habitude. La première voyelle porte la tonique et la deuxième la suit *en une seule et même syllabe*. Il s'agit en provençal des groupes :
-[voyelle + u] écrit *voyelle* + *u* (*au, éu, èu, óu, òu, uou*), où l'accent graphique sur la voyelle indique une prononciation ouverte ou fermée. Attention ! Dans ce cas là, le *u* écrit correspond au son *ou*, sauf dans la diphtongue *uou* où une graphie *uu* aurait pu sembler bizarre. Voici un exemple (☺ n°24) : *oustau, capèu, gréu, óulivo, dòu, buou* "maison, chapeau, germe, olive, deuil, bœuf". On entend souvent des apprenants extérieurs soit dissocier la diphtongue en deux syllabes dont la seconde est alors accentuée (*ousta-ou, capé-ou*), soit prononcer le *u* comme un *w* ou comme un *o* (*oustaw, oustao*), alors qu'un Provençal fait clairement entendre un *ou* plein et atone (☺ n°25). Le groupe *iu* est rare, car en général on prononce *iéu* (c'est-à-dire *iéou*, API ['jeu̯]), voir les triphtongues ci-dessous.
-[voyelle + j] écrit *voyelle* + *i* (*ai, ei, èi, oi, oui*), qui correspondent à ce qu'on écrirait en français *ail, eil... ouil*, etc., avec un *i* nettement articulé, même devant consonne (☺ n°26) : *raisso, teisa, titèi, goi, mouisse* "averse, taire, poupée, boiteux, humide".

Il arrive que le groupe *oui* soit prononcé sous la forme

d'une diphtongue montante, comme le français *oui*.

c) Enfin, il y a des triphtongues, c'est-à-dire des groupes de trois voyelles constituant une seule syllabe, qui cumulent les caractéristiques des diphtongues montantes et celles des diphtongues descendantes :
-*iai, iòu, ièi, iéu, ouei, uei* par exemple dans les mots *biai(s), faiòu, vièi, siéu, counouèisse, encuei* "façon, haricot, vieux, je suis, connaitre, aujourd'hui" (☺ n°27). Le groupe *iéu* est prononcé avec un *é* intermédiaire bref et fermé, au point qu'il est souvent à peine audible, et l'on pourrait l'écrire *iu*. On rencontre aussi, plus rarement, *iau* dans *biau* (canal de moulin), *ouai* dans *lou ouai* "la pagaïe" (emprunt à l'italien), *uau* dans *suau* "calme" (adj., f. *suavo*), *uòu* dans *buòu* "bœuf" (forme locale).

La tonique

En provençal, comme dans de nombreuses langues, par exemple l'italien, il existe un "accent tonique", c'est-à-dire que l'une des syllabes du mot est prononcée avec plus de force et sur une note plus haute que les autres. Pour éviter toute confusion avec l'*accent graphique* (grave ou aigu, comme en français sur le *è* ou sur le *é*), je parlerai ci-dessous d'*accent* lorsqu'il s'agira de l'écriture d'un petit trait au dessus d'une voyelle écrite, et de *tonique* lorsqu'il s'agira de la prononciation appuyée d'une voyelle. Il y a trois positions possibles par rapport à l'accentuation tonique : avant la tonique, portant la tonique, après la tonique. Par exemple dans *ferramento* (☺ n°28 "ferrure") la tonique est sur le *e* de la syllabe -*men*-. En provençal, la tonique peut se trouver sur l'avant-dernière ou sur la dernière syllabe (jamais sur l'avant-avant-dernière comme en niçois ou en italien). La tonique permet d'identifier le mot, de construire l'intonation de l'énoncé, et souvent de distinguer des mots de sens différents par la seule place de la tonique. Comparez les exemples suivants où la syllabe tonique est soulignée :

sabes ("tu sais"), *sabès* ("vous savez")   ☺ n°29 et 30
calo ("arrêt"), *calo(s)* ("gros bâton")   ☺ n°31 et 32
paston ("ils pétrissent"), *pastoun* ("colle")   ☺ n°33 et 34

Les voyelles *é, i, ou* peuvent se trouver dans toutes les situations toniques possibles en provençal, qui sont donc au nombre de quatre : avant ou après la syllabe tonique, portant la tonique dans l'avant-dernière ou dans la dernière syllabe du mot. En voici des exemples (☺ n°35) :

resta, rèste, restè, "rester, qu'il reste, il resta"
pita, pìti, pati, "picorer, je picore, souffrir"
toumba, toumbo, ràchou "tomber, il tombe, avare".

Il faut noter que, dans la vallée du Rhône, les *ou* se trouvant après la tonique ont été systématiquement transformés en *o* et donc que *ou* n'est pas possible à cette place. Ainsi, on y prononce *gancho* ce qu'ailleurs on prononce *gànchou* "crochet" (☺ n°36). Du coup, la distinction masculin/féminin n'est plus possible sur cette série de mots : *finocho* "malin, maline" équivaut aux *finòchou* "malin" et *finocho* "maline" du reste de la Provence (☺ n°37).

La voyelle *o* n'apparait que rarement avant la tonique, car elle passe alors normalement à *ou*, sauf au contact d'un -*r* qui peut alors provoquer sa ré-ouverture en *o* : *porgi* "offrir" au lieu de *pourgi*. On peut également l'y rencontrer dans le cas de mots composés : *long-tèms, bon-jour* (formes fréquentes dans la vallée du Rhône) au lieu de *loung-tèms, bounjou* (formes usuelles ailleurs) (☺ n°38).

La voyelle *u* n'apparait qu'exceptionnellement après la tonique, dans des noms propres : *Mèhu* (diminutif de *Marius*), *Jèsu* "Jésus" (☺ n°39).

Les voyelles situées après la tonique sont toujours effectivement et distinctement prononcées. Elles jouent un rôle grammatical important (personne des verbes, genre des noms et adjectifs, pluriel des adjectifs placés avant le nom, etc.). Elles ne sont jamais "muettes" et les comparer au *e* final français, dit "e muet" est trompeur.

D'une manière générale, les voyelles sont prononcées fermées avant la tonique et ouvertes sous la tonique, ce que l'on voit bien si l'on compare différentes formes grammaticales d'un même radical. On dit *rèsto* et *resta* "reste, rester", *mèni* et *mena* "je conduis, conduire". A un *o* tonique (ou son équivalent diphtongué *ouo, oua, oue*) correspond un *ou* en prétonique : *porto* ou *pouarto* et *pourta* "porte, porter". A une diphtongue tonique *ai, au* (prononcées *aï, aou*) correspondent les variantes fermées *ei, óu* (prononcées *éï, oou*) en prétonique : *laisso, raubo* "laisse, dérobe" et *leissa, rauba* "laisser, dérober" (☺ n°40). Après la tonique, le *i* et le *ou* ne posent pas de problème, le *e* et le *o* sont indifféremment prononcés ouverts ou fermés.

Intonations

Le provençal est une langue rythmée et chantante, aux syllabes clairement articulées, aux intonations mélodiques nombreuses. On se reportera aux dialogues et textes enregistrés pour s'en imprégner, et l'on écoutera ces même intonations provençales dans le français parlé par les Provençaux. Attention : des intonations similaires à celles du français non méridional peuvent avoir des significations différentes. Les intonations vigoureuses ne sont pas nécessairement agressives et des intonations montant très haut pour finir bas signifient souvent le doute ou la désapprobation.

Les consonnes

a) Le système oral du provençal comprend principalement les consonnes suivantes (API) : [p, t, k, b, d, g, m, n, ɱ, ŋ, f, s, v, z, ʧ, ʤ, ʁ, r, l]. Les symboles phonétiques [ʧ, ʤ] notent les sons *tch* et *dj*. Les deux symboles [ɱ, ŋ] notent des nasales, respectivement une sorte de *m* prononcé comme un *v* et une sorte de *ng* comme dans *parking* et dans le *pain(g)* des Méridionaux (sans véritable *g* final). Les symboles [ʁ, r] notent deux sortes de *r*, le premier un *r* frotté au fond du palais (comme en français usuel) et le second un *r* légèrement roulé de la pointe de la langue. Le son [ʒ] (noté *j* en français) et le son [ʃ] (noté *ch* en français) n'apparaissent que comme prononciations locales du *s* ou du *z* après un *i* en Haute-Provence, par exemple dans *baisso* "bas pays" prononcé *baisho* (c'est-à-dire *baïcho*).

Par rapport au français, les graphies *ch*, *g* + *e/i*, *j* correspondent aux sons "tch" et "dj" (avec une prononciation qui tend vers "ts" et "dz" dans la vallée du Rhône). On dit par exemple (☺ n°41) : *chala, esquicho, chima, empache, jambin, piègi, manjo, fege* "charmer, écrase, bois, gêne, nasse, pire, mange, foie".

D'une manière générale, le provençal est caractérisé par la place limitée qu'y occupent les consonnes et par l'importance quantitative et qualitative du rôle des voyelles (cf. points d. et e. ci-dessous).

b) Les nasales situées à l'initiale ou entre deux voyelles, *m* et *n*, fonctionnent simplement comme en français ou en italien : *mama, nino* "maman, petite fille". Celles associées à une seule voyelle qui les précède présentent en provençal, au contraire, des prononciations particulières (cf. voyelles point c. ci-dessus). La voyelle conserve son timbre et n'est pas -ou très peu- nasalisée : dans *manda* "envoyer" on prononce un *a* suivi d'un *n* ; dans *pinta* "peindre", on prononce un *i* suivi d'un *n*. Mais cette consonne nasale qui suit la voyelle reçoit des prononciations diverses adapatées au son qui la suit dans l'énoncé (à l'intérieur d'un même mot ou devant un mot suivant). On prononce effectivement *n* devant *t, d, tch, dj*. On prononce *m* devant *p, b*. On prononce une sorte de *m* articulé comme un *v*, avec les dents du haut qui appuient sur la lèvre du bas (API [ɱ]), devant *v, f*. On prononce une sorte de *n* articulé avec le fond du palais, comme dans *parking* (API [ŋ]) dans toutes les autres situations, c'est-à-dire devant *s, z, k, g, r, l* et en finale d'énoncé.

Cette prononciation des nasales a été transférée par les Provençaux sur leur façon de parler le français, et c'est la dernière variante en [ŋ], la plus fréquente et la plus "surprenante" pour d'autres francophones, que l'on caricaturent souvent en prononçant, à tort, un *g* final de type *le paing*. Inversement, les voyelles nasales "à la française" sont l'un des traits saillants de ce que les Provençaux appellent *l'accent pointu* (prononciation non méridionale du français) et dont ils se moquent franchement ! Cette prononciation "pointue" sonne d'autant plus "déplacée" si elle est transférée en provençal, bien qu'elle ne nuise pas directement à l'intercompréhension[1].

Ainsi, dans l'article indéfini masculin *un*, où le *u* est effectivement prononcé *u*, la nasale s'adaptera au nom qui suit de la façon suivante (☺ n°42) :

un paire	API [ymˈpaįre]	"un père"
un chivau	API [yntʃiˈvaų]	"un cheval"
un fraire	API [yɱˈfʁaįre]	"un frère"
un soulèu	API [yŋsuˈlɛų]	"un soleil"
un gàrri	API [yŋˈgaʁi]	"un rat"
n'a un	API [naˈyŋ]	"il y en a un"

---

[1] Un présentateur d'émissions en provençal, n'ayant vraisemblablement pas appris la langue sur le terrain et ayant ramené d'études "parisiennes" un accent "pointu" (en français et en "provençal"), a ainsi soulevé des critiques générales contre son "mauvais" provençal.

Exemple dans un énoncé : *un bouon pan blan(c) de dilun pèr moun enfant* "un bon pain blanc de lunfi pour mon fils" est prononcé [ym bwɔm pam blan de dilym pɛʁ mun emfaŋ] Ecouter aussi ☺ n°18 à 21.

c) Il y a en provençal deux *r* différents, dont un certain emploi permet de distinguer des mots de sens différents. Il s'agit d'une part du *r* articulé comme un frottement contre la luette, noté [ʁ] en API. C'est le *r* habituel et normatif en français contemporain. Ce premier *r* s'appelle en provençal *erre aspre* ou *erre dóu gousié*, "r âpre, r du gosier". Il s'agit d'autre part d'un *r* très légèrement roulé avec la pointe de la langue derrière les dents du haut (API [r] à un seul battement) et qui ressemble beaucoup à un *l*. Ce second *r* s'appelle en provençal *erre bagna* "r mouillé".

La répartition en est simple. Le [r] "mouillé" n'est possible qu'entre deux voyelles, où il s'oppose parfois à un [ʁ] "âpre" pour distinguer des mots. L'orthographe note cette répartition : un seul *r* orthographique entre voyelles note un [r] "mouillé" (le plus fréquent), un double *rr* orthographique note un [ʁ] "âpre". On prononce ainsi :

-avec un [r] "mouillé" les mots *aret, gari, marido, amaro, fara, fero, sero, pero, gaire*, etc. "bélier, guérir, il marie, amère, il fera, sauvage, soir, poire, guère" (☺ n°43) ;

-avec un [ʁ] "âpre" les mots *arret, gàrri, marrido, amarro, farra(t), ferro, terro, arriva*, etc. "filet de pêche, rat, mauvaise, amarre, seau, il ferre, terre, arriver" (☺ n°44).

On remarque que la différenciation des *r* permet de distinguer les paires de mots : *aret/arret, marido/marrido, amaro/amarro, fara/farra(t), fero/ferro*. Des ambigüités sont donc très possibles, comme par exemple dans les deux énoncés : *vèn pèr la gari / vèn pèr l'agarri* signifiant respectivement "il vient pour la guérir" et "il vient pour l'agresser" !

De plus, la prononciation du *r* "mouillé" est l'une des marques de reconnaissance des provençalophones "naturels", c'est-à-dire à leurs yeux de ceux qui "parlent bien" provençal. Cependant, si dans la majorité de la Provence ce *r* "mouillé" reste très présent, il a disparu de certaines zones où l'on entend plus que le *r* "âpre", par exemple autour d'Avignon, ou près de Nice (sous l'influence du niçois qui n'a que le *r* "âpre").

Dans toutes les autres positions qu'entre deux voyelles (à l'initiale, la finale de mot ou au contact d'une autre consonne), seul le *r* "âpre" est usité. En finale d'énoncé, ce *r* "âpre" est souvent prononcé dans la gorge, comme une *jota* espagnole (API [X]).

d) Dans l'immense majorité des variétés de provençal, on note une absence totale de double consonne à l'oral (absence que l'on retrouve d'ailleurs dans le français des Provençaux). Les rares doubles consonnes que l'on peut trouver dans l'orthographe provençale correspondent à une consonne simple à l'oral et ne sont motivées que par des habitudes graphiques et des distinctions de sens : *ss* pour noter [s] entre deux voyelles (ex. *casso* "il chasse"), *ll* pour noter l'ouverture du *e* précédent (ex. *bello, rapello* "belle, rappelle"), *rr* pour noter le *r* "âpre" (cf. ci-dessus). Des exceptions orthographiques comme *annado* "année", *inmoubile* "immobile", correspondent à l'oral à des voyelles simples (mots prononcés *anado, imoubile*) et sont fondées sur la distinction purement graphique avec *anado* "allée" ou l'étymologie pour *in + moubile*.

De la même manière, il n'y a pas en provençal de suites de consonnes fortes (appelées *"occlusives"* par les phonéticiens) de type *-ct-, -pt-, -gm-*, etc. L'équivalent du français *acteur, accepter, augmenter* est *atour, aceta, aumenta*. Tous les groupes *ks* venus du latin ou d'autres langues (souvent écrits *x*) ont été très tôt réduits à une seule consonne "douce" en provençal (dite *"fricative"*) : *eisèmple, eisercìci, esplica, diciounàri, tassi* "exemple, exercice, expliquer, dictionnaire, taxi" (☺ n°45). On retrouve cela en français de Provence, où *expliquer, exiger* sont souvent réalisés *espliquer, ésiger*.

e) Enfin, une autre caractéristique forte de réduction du rôle des consonnes en provençal réside dans l'absence quasi totale de consonnes finales. Entamée dès le XVIe siècle, la chute des consonnes finales étymologiques est achevée depuis le XVIIIe. Cette disparition s'est accompagnée d'une réorganisation en profondeur des structures grammaticales, puisque cela concerne le pluriel des noms (anciennement en *-s*, aujourd'hui disparu -les noms sont devenus invariables), le pluriel des articles, pronoms, adjectifs placés avant le nom[1] (anciennement en *-s*,

---

[1] Les adjectifs sont également devenus invariables dans les autres positions.

aujourd'hui marqué par un -*i*), les terminaisons des verbes à divers temps et modes, etc., où les voyelles l'ont emporté.

Ces consonnes sont si bien sorties du système de la langue que, même si l'on en trouve des échos dans différents mots d'une même famille (*nue* mais *nuechado* "nuit, nuitée") ou dans de rares liaisons (*vue* mais *vuech ouro* "huit, huit heures"), on observe de nombreuses dérivations sur la base de la finale actuelle : *marri(t)* > *marrias* et non *marridas ("mauvais, très mauvais"), *aglan* > *aglanié* et non *aglandié ("gland, chêne"), *biòu* > *bióulet* et non *bouvet ("taureau, taurillon"), *redoun* > *redouno* et non *redoundo ("rond, ronde"), *poun* > *pougnudo* et non *pouncho ("piqué, piquée") -d'où on a tiré un participe passé masculin plus régulier *pougnu-*, etc.

De fait, les seules consonnes possibles à la fin des mots en provençal actuel sont -*l*, -*r*, -*s*, -*n*, de façon instable et limitée : on peut ainsi avoir *foual, bal, coulour, mes* "fou, bal, couleur, mois", mais on rencontrera aussi selon les variétés et les personnes *fouale, balèti, coulou, me(s)* avec ajout de voyelles finales ou suppression de la consonne finale (☺ n°46). C'est en provençal maritime, et notamment vers Hyères, que l'abandon des consonnes est le plus complet. Par contre, les consonnes se sont mieux maintenues dans la zone qui côtoie le niçois, vers Fayence, Fréjus et Cannes (on trouve même des -*k* finaux type *pessuc* "pincée").

Le -*l* est rarissime et se rencontre dans des cas spéciaux ou des emprunts, puisqu'il passe normalement après voyelle à -*ou* (une autre voyelle !) pour former une diphtongue (comparer par ex. le provençal *chivau* et le français *cheval*). Le -*n* final est stable et s'harmonise avec les sons qui suivent (cf. point b. ci-dessus). Une étude statistique récente a montré que de 83% à 93% des mille mots provençaux les plus fréquents se terminent par une voyelle, qu'ils soient pris isolément ou accordés dans des énoncés[1].

De surcroît, la conservation de consonnes finales est une marque distinctive de parlers ou langues limitrophes, tels le gavot (ou provençal alpin), le languedocien (ou occitan), qui font plutôt l'objet de jugements péjoratifs de la part des Provençaux[2]. C'est aussi le cas, nettement plus limité, en

---

[1] Ph. Blanchet, "Questien de lengo : lei voucalo en prouvençau", dins *Buletin de l'AVEP*, n° 86, 1998, p. 9-11.
[2] Les Provençaux considèrent souvent ces parlers comme "grossiers, rustiques, primitifs". Pour les Alpins, le provençal de basse-Provence constitue le modèle du "bon" provençal.

nissart (ou niçois), qui jouit d'ailleurs d'un certain prestige (d'où son influence sur les parlers provençaux limitrophes, cf. ci-dessus).

f) Diverses consonnes sont usitées pour éviter les hiatus et pour donner du corps aux monosyllabes, notamment *n, z, v* selon les mots et les parlers. On a ainsi par exemple : *à-n-éu, à-z-éu, à-v-éu* "à lui", *aqui-n-aut, aqui-d-aut* "là-haut", *vau à z-Ais, vau à z-Ate, vau à-n-Avignoun, vau à-n-Arle* "je vais à Aix, ...à Apt, ...à Avignon, ...à Arles"[1]. Cela peut produire des agglutinations notamment pour les noms de lieux ("Aix, Aups" se disent en provençal *z-Ais, z-Aup* prononcés "zaï, zaou") mais parfois pour d'autres types de mots : *vo* "oui, ou" (pour *o*), *véu* "lui", *naut, daut* "haut" (pour *aut*), selon les habitudes locales ou individuelles (☺ n°47). C'est cette même règle d'évitement du hiatus qui explique le rétablissement d'un *-s* ou d'un *-l* à la fin des déterminatifs type *aquel ome, leis ome* par rapport à *aquéu pichoun, aquélei pichoun* (cf. chapitre 8).

Les phénomènes de liaisons entre la consonne finale d'un mot et la voyelle initiale du mot qui suit sont très rares. Seules quelques mots de liaisons sont concernés comme *après, dins* "après, dans", donnant *dins un oustau* "dans une maison" avec une prononciation "din-z-unoustaou", ou quelques numéraux *cinq, sièis, sèt, vue* "cinq, six, sept, huit" prononcés sans consonnes finales, donnent par exemple *cinq ouro, sièis ouro, sèt ouro, vuech ouro* "cinq heures, etc." avec rétablissement d'une consonne (dont le cas de *vue/vuech ouro* témoigne clairement). Dans le cas d'un *s*, la liaison se fait toujours en z (prononcez "sièï-z-ouro"). ☺ n°48.

L'importance du rôle joué par les voyelles et la place réduite des consonnes contribue à donner au provençal son image auditive "à l'italienne" de fluidité, d'intonation chantante, de grammaire fondée sur les voyelles.

---

[1] C'est probablement d'une mécompréhension de ce système que vient en français académique l'exigence de dire *en Arles, en Avignon*, formes inusitées en français de Provence.

7. 2. Orthographier le provençal

Quelle norme est reconnue ?

Comme nous l'avons vu au chapitre 4, le provençal a toujours été écrit depuis le Moyen-âge, selon des modalités diverses en fonction de l'évolution des pratiques sociales. Mais la position dominante du latin, puis celle du français, ont laissé peu de place à une véritable institutionnalisation d'une écriture du provençal. Cela explique que, même si notre langue a une tradition écrite et notamment littéraire incontestable, beaucoup plus développée que celle d'autres langues "minoritaires" ou "régionales", une orthographe officielle ait eu des difficultés à se mettre en place. De fait, ce qui constitue aujourd'hui à peu près officiellement, et en tous cas *officieusement*, l'orthographe provençale est une synthèse récente, mise au point dans la seconde moitié du XIXe siècle, des tendances spontanées des scripteurs provençaux. On l'appelle la *graphie mistralienne*, du nom de F. Mistral qui fut l'un de ses concepteurs, de ses brillants utilisateurs et de ses promoteurs actifs.

D'ailleurs, pour être exact, trois façons principales d'écrire le provençal sont employées encore actuellement, dans des proportions différentes. L'orthographe "mistralienne", en effet, est encore parfois ignorée dans le détail par une partie des Provençaux, faute d'un enseignement à l'école. Le provençal n'y est présent que depuis une trentaine d'années et, aujourd'hui encore, cela concerne au mieux 5% des élèves. Ainsi, la grande majorité des Provençaux et des provençalophones n'a été alphabétisée qu'en français. Par conséquent, soit ils n'écrivent pas du tout en provençal mais seulement en français, soit ils se fabriquent spontanément des systèmes phonétiques (mais légèrement francisants) relativement proches de l'orthographe mistralienne, qu'ils voient souvent. C'est ce que l'on rencontre dans des correspondances privées, dans les noms de maisons ou de boutiques, etc. L'orthographe provençale est en outre contestée, à la marge, par une mouvance militante qui emploie une alternative radicale, la graphie dite *occitane* ou *classique*.

Avant de présenter l'orthographe provençale dite mistralienne, il convient donc, par honnêteté, d'une part de justifier ce choix et d'autre part, en complément, de préciser brièvement les principes essentiels du système occitan, que l'on pourra rencontrer ici ou là en Provence.

a) La graphie mistralienne fonctionne aujourd'hui comme la norme orthographique de fait, très majoritairement employée pour écrire en provençal. Elle est en effet choisie par la plupart des écrivains (95% des contemporains[1]) et attire de plus en plus, y compris une partie des rares écrivains qui avaient précédemment opté pour le système occitan, comme S. Bec ou R. Allan[2]. De même, à de rares exceptions près (souvent bi-graphiques, d'ailleurs), les collectivités locales (bulletins municipaux ou du Conseil régional), les nombreuses communes qui ont fait placer leurs panneaux en provençal ces dix dernières années, emploient tous la graphie mistralienne. La plupart des ouvrages de référence et des ouvrages didactiques sont en graphie mistralienne (dictionnaires, grammaires, lexiques, manuels, éditions littéraires, principales revues, etc.)[3]. Elle est la plus enseignée en Provence. Elle donne notamment satisfaction sur le plan social et pédagogique, aussi bien parce que les locuteurs déclarent y reconnaitre directement leur langue parlée, dans ses principales variétés et dans le cadre d'une identification spécifique du provençal (cf. chapitre 1), que parce que sa simplicité facilite appropriation orale et écrite de ceux qui apprennent la langue. C'est aussi pour cette graphie qu'optent la grande majorité des acteurs culturels (dont les trois grands réseaux associatifs provençaux, le *Félibrige*, l'*Unioun Prouvençalo* et *Parlaren*) ainsi que, surtout, la population en général, interrogée par enquêtes[4].

b) La graphie "occitane", que ses partisans appellent *classique*, a été conçue au début du XXe par des Languedociens et diffusée notamment à partir des années 1950, d'abord dans le Sud-Ouest où elle est aujourd'hui largement adoptée, puis en Provence. Elle repose sur des présupposés et des objectifs très différents de ceux qui ont

---

[1] D'après les données du *Dictionnaire des auteurs de langue d'oc*, Paris, Les Amis de la langue d'oc, 1994, réalisé par Jean Fourié, un Languedocien employant la graphie occitane et donc non suspect de parti-pris en ce sens.
[2] Cf. Robert Allan, 1995, *Quatre pouèmo chausi*, Hyères, Les Cahiers de Garlaban et Serge Bec, 1980, *Siéu un païs*, avec en préface une lettre ouverte aux occitanistes, Aix, Edisud.
[3] Malgré la main-mise de la militance occitaniste sur une partie de l'Education nationale (l'Inspecteur général de langues régionales est un occitaniste béarnais convaincu), la graphie mistralienne a dû être acceptée au CAPES de langue d'oc.
[4] Résultats notamment dans Ph. Blanchet, *Le provençal...*, Peeters, 1992.

présidé à la mise en place de la graphie provençale. Pour ses promoteurs, le provençal est considéré comme un dialecte de l'*occitan* (cf. chapitre 1). D'où une graphie commune à ce vaste ensemble, fondée sur le languedocien, parler central conservateur sur la base duquel est élaboré un *occitan standard*. On remonte pour cela à des formes médiévales, avant que l'évolution ne différencie trop les parlers. C'est aussi l'époque où les troubadours valorisaient une écriture en langue d'oc et où le Comté de Toulouse a été violemment conquis par la France. Cela permet d'exalter une veine patriotique autour d'une ancienne et prétendue "unité occitane" linguistique, culturelle (troubadours et cathares) politique. Inspirés par la catalanisme, les créateurs de la graphie occitane ont rapproché autant que possible leur système du modèle catalan (dont le languedocien est proche). Et, souhaitant pour l'*occitan* les mêmes fonctions sociales que celles du français, ils ont repris les principes fondamentaux de l'orthographe française : la graphie dite *classique* (nom significatif), comme la française, est savante, unificatrice et normative (y compris pour la langue elle-même, en tendant vers un *standard* à base languedocienne et/ou archaïsante), décalée par rapport à la langue parlée, chargée de marques grammaticales et étymologiques exclusivement écrites. Et ceci surtout lorsqu'appliquée au provençal, linguistiquement à part dans la famille d'oc : on y écrit des *-r* aux infinitifs, des *-s* au pluriel, de nombreuses consonnes étymologiques produisant des séquences "bizarres" (*semano, espalo, dissate* "semaine, épaule, samedi" s'y écrivent *"setmanas, espatla, dissabte"*), et les voyelles se prononcent rarement comme elles s'écrivent, ce qui est contradictoirement avec les structures du provençal (cf. chapitre 6).

Malgré quelques adaptations "dialectales", inévitables quand on sait qu'il y a plus de différences entre le gascon et le provençal qu'entre le portugais et l'espagnol, les enquêtes montrent que des locuteurs natifs du provençal, mis face à leur langue écrite en graphie occitane, ne la reconnaissent pas et supposent que c'est du portugais, voire du basque ou du russe ! La graphie occitane n'est choisie en Provence que par certains milieux à la militance radicale, notamment chez des intellectuels et en ville. Outre sa difficulté, elle est en effet sous-tendue par une vision de la langue et un projet d'action qui ne sont pas partagés par la population en général. Là où la militance occitaniste veut rivaliser avec les aspects dominants du français en appliquant les mêmes principes à partir d'une reconstruction artificielle et non des parlers hérités[1], la population locale souhaite une complémentarité entre la langue véhiculaire qu'elle s'est appropriée (cf. son *français régional*) et sa langue *vernaculaire* d'origine, porteuse d'une convivialité de proximité. On trouve une présentation du projet linguistique occitaniste chez P. Sauzet, dans l'article cité ci-dessus. J'en extrait le passage suivant, qui confirme sous la plume d'un responsable occitaniste l'analyse que je viens d'en présenter : *"Il faut penser à ce que la graphie est opaque, savante. La graphie occitane tend vers la norme (...) L'obstacle est double : il rend la reconnaissance par les usagers naturels difficile, il rend la restitution des formes lues par des non-locuteurs aléatoire (...) Il faudra parfois aussi renoncer à cette norme graphique pour passer"* (p. 140). En outre, les ouvrages en graphie occitane concernant le provençal sont peu nombreux. Ainsi la revue occitaniste de Provence *Aquò d'aqui* ne peut-elle proposer dans son catalogue n° 121 (1998) de vente d'ouvrages que 10% de livres provençaux-occitans, tout le reste provenant grand Sud-Ouest. Actuellement, il y a sur le marché un petit dictionnaire et une grammaire du provençal en graphie occitane, pour une bonne dizaine de grammaires, quatre dictionnaires dont deux monumentaux, plusieurs véritables méthodes pédagogiques en graphie mistralienne.

Il faut bien voir qu'un choix orthographique n'est pas simplement "technique", mais qu'il s'inscrit dans toute une vision de la langue, de ses pratiques, de sa promotion, de la société. L'examen objectif des faits prouve donc que la seule graphie possédant en Provence les attributs sociaux d'une *orthographe provençale* est la graphie mistralienne, ce que reconnaissent même ses rares opposants occitanistes. Un responsable occitaniste provençal déclarait en 1992 : *"En Provence, à l'heure actuelle, il y a officialité puisque la norme officielle de la Région P.A.C.A. est la norme mistralienne, donc tous les textes administratifs, les panneaux à l'entrée des communes, etc., les conseils municipaux délibérant parfois en provençal, utilisent la norme mistralienne. Il faut que ceci soit clair. Il y a une norme*

---

[1] Ce que déclare clairement l'un de ses promoteurs languedociens, P. Sauzet, dans "Vers un service de la langue occitane en Languedoc-Roussillon", in A. Viaut (Dir.), *Langues d'Aquitaine*, Bordeaux, MSH d'Aquitaine, 1996, p. 133-144, cf. p 137.

officielle"[1]. Il précise : *"Le secrétaire de l'Institut d'Etudes Occitanes du Var (...) lorsqu'il écrit dans [le] bulletin municipal de [son] village du Var, utilise (...) la graphie la plus phonétique du monde parce qu'il veut être lu par les 600 habitants de sa commune".* Il faut ajouter à cela que la principale associations occitaniste, l'I.E.O., compte en moyenne 1200 adhérents *pour l'ensemble du domaine d'oc* (33 départements du tiers sud de la France), *dont moins d'un quart en Provence*, alors que le Félibrige en compte en moyenne 1500 *dont les 3/4 pour la seule Provence* et que l'Union Provençale regroupe en 1998 *quatre-vingt-cinq associations à travers toute la Provence*, soit plus de 5000 membres[2].

La graphie mistralienne est cohérente avec la situation et la dynamique effectives de la langue, elle est le choix démocratique des Provençaux. C'est celle qui est employée dans cet ouvrage et présentée ci-après.

Présentation de l'orthographe provençale

Ce système continue la tendance majeure de l'écrit provençal depuis ses origines, qui est aussi celle des autres langues romanes en général, à l'exception du français : il entérine une dominante phonétique (on écrit comme on prononce), en la rationalisant au niveau des sons fondamentaux (les *phonèmes* des linguistes) ou typiques d'une forme locale (les *emblèmes* des sociolinguistes). Cette notation des sons est en outre complétée par quelques repères grammaticaux et lexicaux qui aident à l'identification visuelle du sens (notamment pour désambigüiser les cas d'homonymie, par exemple *agu* "eu" et *agut* "aigu", *traço* "trace" et *trasso* "mauvaise qualité", ou pour maintenir l'unité d'une famille de mots par exemple *partèji* avec un *j* et non un *g* à cause de l'infinitif *parteja*). Dans tous les cas, cela respecte la prononciation du mot (les consonnes finales ne se prononcent jamais, sauf *-s, -r, -n*, cf. chapitre 7. 2. point e).

De plus, le provençal étant perçu par ses locuteurs comme une langue locale spécifique, composée de

---

[1] René Merle, dans *Contribution à la table ronde sur la graphie de l'occitan*, in H. Guillorel & J. Sibille (dir.), *Langues, dialectes et écritures*, Paris, IEO et IPIE-Paris X, 1993, p. 263-264.
[2] Sources : documents communiqués par les associations, préfectures, publications telles que *L'I.E.O. e l'occitanisme dempuèi 1945*, n° 18 de *Estudis occitans*, 1995 ; différents n° de la revue *Lou Felibrige*...

différentes variétés auxquelles ils sont très attachés, le système permet de noter les particularités locales, qu'elles soient phonétiques, grammaticales, ou, bien sûr, lexicales. Ainsi, quelqu'un de la région toulonnaise dit et écrit *cànti, bouon, gato* "je chante, bon, chatte" là où un Avignonnais dit et écrit *cante, bon, cato* (☺ n°49). Ces différences, on l'a vu, restent minimes et ne gênent pas l'intercompréhension. C'est un peu comme si, toute proportion gardée, on orthographiait en français les différences de prononciation entre Normand, Provençal, Antillais, ou Suisse... Et qu'un Marseillais écrive *Elle ést trés peutchite* là où un Nantais écrirait *Elle èst très ptit*. Du coup, la notion de "faute d'orthographe" est grandement relativisée : pour peu qu'il respecte les *principes fondamentaux de transcription* de la prononciation et d'*organisation* des marques de l'écrit, le locuteur a toute liberté de transcrire sa propre variété locale de provençal. C'est un choix social.

Un tel système est comparable, dans ses principes et son fonctionnement, à celui utilisé pour le corse (dont la perception par ses locuteurs est comparable à celle du provençal). Il est adapté à une langue à usage majoritairement oral (dont les locuteurs ont donc une conscience phonétique), à fort enracinement local et s'opposant à une domination normative. Il implique le sentiment de l'identité spécifique de la langue, l'inter-tolérance de toutes les variétés de provençal et par conséquent l'absence d'un "standard" (dont on voit mal à quoi il servirait). Cet usage, rappelons-le, est parallèle à celui d'une langue véhiculaire, le français.

Il est donc important pour le lecteur francophone de comprendre à quel point les principes fondamentaux de l'orthographe provençale moderne sont différents des principes de l'orthographe française, qui s'appuie sur une norme unique, un état ancien de la langue décalé par rapport à l'oralité moderne, un élitisme, une forte proportion de marques grammaticales et sémantiques exclusivement écrites (majoritairement étymologiques). L'orthographe provençale s'appuie sur les variétés modernes de la langue parlée. Le seul emprunt provençal au système français est d'ailleurs le *ou* pour le son "ou" entre consonnes, distinct du "u" (qui existe en provençal), et qui s'explique à la fois par l'histoire de la langue et par souci réaliste de respecter les habitudes des Provençaux, alphabétisés en français. La seule alternative envisageable était l'emploi de *u* et *ü* comme en Italie du Nord (en piémontais ou en gênois), mais elle était moins familière.

Par contre, le son "ou" s'écrit *u* après une voyelle car on ne peut y trouver le son "u" (*soulèu* "soleil" se lit *"soulèou"* ☺ n°50).

Les principes généraux étant vus, passons à la description précise de ces *principes fondamentaux de transcription* de la prononciation et d'*organisation* des marques de l'écrit. Une partie en a été examinée au chapitre 7. 1. ci-dessus à propos des prononciations et nous ne reviendrons pas sur les détails de celles-ci. Notons toutefois que, comme pour tout système linguistique, on apprendra à s'en servir davantage par la pratique en contexte que par une liste de ses règles auxquelles l'accumulation et l'abstraction donnent une apparence bien plus compliquée qu'en réalité. De plus, toute orthographe est le fruit d'une histoire et de tâtonnements qui y ont introduit quelques exceptions, irrégularités ou difficultés. Cela dit, elles sont assez rares dans le système provençal, qui reste beaucoup plus facile d'accès et d'utilisation que l'orthographe française.

La valeur phonétique de chaque graphème (lettre ou groupe de lettres transcrivant un seul son fondamental) est la suivante.

Pour les voyelles :

en provençal	≈ **français**
a	a "ouvert"
e	é (≈ fermé)
è	è (≈ ouvert)
i	i
o	o ouvert
u	u, eu, ou
ou	ou, w + voyelle

On a vu que la distinction *é fermé/è ouvert* est aléatoire. Le son français *ou* (api [u]) est noté *u*, comme en italien, lorsqu'il suit directement une voyelle, dans une diphtongue (*au, èu*, etc. notent *"aou, èou..."*). La seule exception est la finale *-on* de la troisième personne pluriel des verbes correspond à une prononciation *"-oun"* (que l'on écrit pas ainsi pour la terminaison verbale car cette terminaison n'est jamais tonique). Pour les combinaisons en diphtongues, voir ci-dessus au 7. 1.

L'accent écrit sur une voyelle note soit son ouverture,

soit la tonique, soit éventuellement les deux en même temps quand il s'agit d'un *e*. La règle orthographique est relativement simple :
 -quand il n'y a pas d'accent graphique indiquant le contraire, la tonique porte sur l'avant-dernière syllabe des mots terminés par *-e, -o, -es, -on* (ces deux derniers cas ne se trouvant que pour la terminaison des verbes, *-es* pour la 2e personne singulier et *-on* pour la 3e personne pluriel des verbes prononcée "-oun"), sur la dernière syllabe des mots terminés par *-a, -i, -u* ou une consonne écrite ; cf. *legisse, canto, cantes, canton, canta, legi, pescadou, calu* "il lit, il chante, tu chantes, ils chantent, chanter, lire, pêcheur, miraud" (☺ n°51) ;
 -si la tonique ne correspond pas à la règle de notation ci-dessus, on la note par un accent graphique, c'est-à-dire par *é, è, ò* à la finalo (*sabié, cantè, ecò, sabès, marsihés* "il savait, il chanta, écho, vous savez, marseillais"), ou par *à, é, è, ì, ò, ù, óu*, en avant-dernière syllabe (*gàbi, négri, nèrvi, sìbli, tòti, estùdi, tóuti* "cage, noires, nerf, je siffle, idiot, étude, tous" pour *-i* final non tonique ; *pàntou, trèbou, chìchou, còdou, quècou, Mèhu, Jèsu,* etc. "imbécile, trouble, peccadille, galet, voyou, Marius, Jésus" pour d'autres finales) ☺ n°52 ; on remarque que l'accent est toujours grave sur *à, ò, ù, ì,* aigu sur *óu*, et peut varier sur *é/è* selon qu'on veuille éventuellement en indiquer la prononciation ouverte ou fermée ;
 Dans le cas des diphtongues et triphtongues, la règle est la même, sauf que les combinaisons *e + u* et *o + u* impliquent toujours un accent graphique sur le *e* et sur le *o* (dans ce dernier cas, pour distinguer la diphtongue *óu, òu* de la voyelle *ou*) ; Si la diphtongue est en position tonique, l'accent indique alors en même temps que c'est une diphtongue et qu'elle est tonique (*póusso, piéuto, titèi, dijòu* "poussière, gazouille, poupée, jeudi, ☺ n°53). On voit ici au passage une confusion possible entre une prononciation *ou* tonique ou diphtongue tonique pour *óu* (comparez *póussi* "je pousse" avec *ou* tonique et *póusso* "poussière" avec diphtongue tonique). Si la diphtongue se situe avant la tonique, l'accent graphique indique seulement son caractère diphtongué (*sóulèu, nouvèuta, péutira* "soulèvement, nouveauté, extraire" ☺ n°54) sachant que la règle de notation de la tonique prime toujours sur celle de notation de la diphtongue, et que l'accent ne remonte jamais sur l'avant-avant-dernière syllabe (ainsi *óulivo, abéuradou* "olive,

abreuvoir" ne posent pas de problème). Enfin, la seule diphtongue possible après la tonique est la marque -*ei* du pluriel de certaines catégories de mots (*aquélei bèllei pignato* "ces belles marmites" ☺ n°55).

Pour les consonnes :

en provençal	≈ français
b	b
c	-s + e/i -k ailleurs -ç pour noter s devant a, o, u, ou
d	d
f	f
g	-*dj* + e/i -*g* ailleurs
h	*ill* entre voyelles type *fiho*
ch	tch
j	dj
l	l
m	-m -équivalents de *n* après voyelle type *fam, coumta*
n	-n -équivalents API [ɱ] et [ŋ] de n après voyelle
p	p
q	q (qu + e/i)
r	-r "mouillé" entre voyelle (API [r]) -r "âpre" ailleurs
rr	r "âpre" entre voyelles (API [ʁ])
s	-s (*ss* entre voyelles) -z entre voyelles
t	t
v	v
z	z (début de mot ou après consonne)

Les consonnes finales ne se prononcent jamais, sauf -*s*, -*r*, -*n* ainsi que -*l* et des liaisons ponctuelles qui restent très rares (voir prononciation ci-dessus)[1]. On ne prononce jamais non plus de consonne double ou longue : le double *ll* sert surtout à de rares distinctions sémantiques (*bèlo* "bêle"/*bello* "belle")[2], le double *rr* à la distinction d'avec *r* "mouillé", le double *ss* à noter [s] et non [z] entre voyelles. La répartition *c-ç/s-ss* selon les voyelles répond à des distinctions de sens et d'étymologie (*çamentèri, cèu, sau* "cimetière, ciel, sel", *sciènci* "science"). Le *h* se trouve à l'initiale des interjections, type *hòu !, ha !*, et ne correspond à aucune prononciation. Pour *m*, l'équivalence de *n* ne concerne que les cas où *m* n'est ni en début de mot, ni entre deux voyelles : *fam, coumta* "faim, compter" se prononcent comme s'ils s'écrivaient *"fan, counta"* mais le choix d'un *m* permet une distinction de sens (car *fan* signifie "ils font" et *counta* "conter"). On trouve *qu* devant d'autres voyelles que *e* et *i* uniquement dans les séries étymologiques bien connues des interrogatifs et de leurs dérivés *qu, quouro, quant, quauque*, etc. "qui, lorsque, combien, quelque", ainsi que dans des numéraux *quatre, quaranto, cinquanto*. Dans les variétés où ces sons existent (Alpes ou Drôme), on note par *sh* l'équivalent du "ch" français et par *lh* le "l mouillé" équivalent au "gli" italien (*baisho, filho* "bas-pays, fille"). Le *k* n'est employé que très rarement, soit dans des emprunts (*kiloumètre*), soit pour noter des prononciations dialectales particulières (rhodanien *kiue* pour API [kjø] "cuit").

8. Éléments de grammaire

Langue romane, le provençal ne présente pas de différence importante de fonctionnement grammatical fondamental par rapport à l'italien, à l'espagnol ou au français. On observe malgré tout des points spécifiques, tant sur le plan strictement grammatical (accords du groupe nominal, conjugaisons, système des pronoms, etc.) que dans la construction des énoncés (place du sujet, formes d'insistance, tournures...), qui font, avec les idiomatismes,

---

[1] La règle est différente dans les parlers montagnards et la bande orientale au contact du niçois, cf. première partie.

[2] On dit souvent que ce *ll* sert comme en français à noter l'ouverture du *e* qui précède, mais le caractère tout à fait changeant de l'ouverture/fermeture du *e* dans les prononciations effectives relativise grandement cette interprétation.

l'originalité de l'expression provençale (cf. chapitre 9 "façons de dire")[1].

Le groupe nominal

a) **Le nom**, propre ou commun, est invariable en nombre. Il garde la même forme au singulier et au pluriel. Le nombre est toujours indiqué par un déterminatif (divers articles ; adjectifs numéraux, interrogatifs, possessifs et démonstratifs ; adjectifs de quantité...). Voir ci-dessous.

Les noms collectifs sont grammaticalement au singulier mais leur sens pluriel implique, quand ils sont sujets, un accord éventuel du verbe au pluriel : *lou mounde es vengu* ou *lou mounde soun vengu* "les gens sont venus", *un mouloun d'aucèu an pita la frucho* (et non *a*) "une foule d'oiseaux a becqueté les fruits" (☺ n°56).

Le genre masculin ou féminin est indiqué par les déterminatifs (notamment au singulier) ainsi que, en général, par la finale du mot. La finale *-o* indique souvent le féminin (sauf pour les noms d'origine grecque, type *l'artisto, lou touristo, lou prougramo*), les finales *-e, -ou, -u* le masculin. Les autres finales (en *-i, -a, -our,* diphtongue, consonne, etc.) se partagent entre les deux genres. Il s'agit là de tendances, car il peut y avoir des exceptions (par exemple *la maire* "la mère", *la coulou* "la couleur", *l'ecò* -masculin- "l'écho"). Globalement, le genre est le même dans toutes les langues romanes, mais il y a des divergences sur les anciens neutres latins ou à cause d'analogies : en provençal, par exemple (☺ n°57), *sau, lèbre, platano, regalisso, figuiero, anchoio, mar, serp* "sel, lièvre, platane, réglisse, figuier, anchois, mer, serpent" sont féminins et *afaire, armàri, cèndre, òli, téule, pessègue, estùdi* "affaire, armoire, cendre, huile, tuile, pêche -le fruit-, étude" sont masculins, etc. On notera l'originalité du provençal, où le *-o* final post-tonique est l'équivalent du *-a* italien ou espagnol, et marque donc, entre autres, le féminin.

Il existe des relations régulières d'équivalence entre masculin et féminin (☺ n°58) :

---

[1] J'emploierai pour la commodité du lecteur une terminologie grammaticale plutôt traditionnelle et non scientifique, mais j'en modifierai les confusions terminologiques les plus douteuses. J'appellerai par exemples les actualisateurs du nom *déterminatifs* et non "déterminants", car ils ne déterminent pas le nom mais en indiquent la détermination, etc.

-par jeu sur les voyelles (*bastidan / bastidano* "fermier / fermière", *còrsou / corso* "corse, m. / f.", *cantaire / cantairo* "chanteur / chanteuse", *pedagogue / pedagogo* "pédagogue", etc.) ;

-par un jeu sur les nombreux suffixes (*mèstre / mestresso* "maitre / maitresse", *pourtaire / pourteiris* "porteur / porteuse", *boulengié / boulengiero* "boulanger / boulangère, *Prouvençau / Prouvençalo* "Provençal / Provençale", etc.) ;

-par un changement, plus rare, de racine lexicale (*ai / saumo* "âne / ânesse", *ome / fremo* "homme / femme", etc.).

Ces différents systèmes peuvent se cumuler (surtout voyelles et suffixes). Il arrive aussi assez fréquemment que les formes masculines et féminines soient identiques, notamment pour les noms en *-i* : *lou/la nòvi* "le/la jeune mariée)", *lou/la nèsci* "l'idiot(e)", *lou/la grand* "le grand-père/la grand-mère", etc. Certains noms ont les deux genres, notamment ceux relatifs au climat : *lou/la caud, lou/la fre, lou/la nivo, lou/la sero...* "chaleur, froid, nuage, soir...". Traditionnellement, les noms de familles se mettent au féminin (pour désigner l'épouse), ou reçoivent des suffixes diminutifs (pour désigner les enfants) : *la Sicardo, lou Sicardoun, la Sicardouno* sont la femme, le fils et la fille de M. Sicard.

b) Les déterminatifs sont des indicateurs de la détermination du nom : articles, adjectifs numéraux, interrogatifs, possessifs et démonstratifs ; adjectifs et diverses expressions de quantité. Ce sont eux qui, en provençal, indiquent le nombre du nom.

NB : A chaque fois qu'on a un pluriel en *-ei* en Provence maritime et intérieure, l'équivalent rhodanien est *-i*, qu'il s'agisse des déterminatifs ou des adjectifs qualificatifs (*lei, dei, ùnei*, etc. = *li, di, ùni*, etc.). Cette équivalence ne sera pas répétée dans les paragraphes suivants. Il existe d'ailleurs des croisements entre les formes (je dis personnellement *lei, dei* mais souvent *aquéli* et toujours *tóuti*, et quand je parle avec un Rhodanien, nos formes s'influencent mutuellement).

L'article défini : *lou* (m.), *la* (f.), *lei* (pluriel). *Lou* et *la* s'élident en *l'* devant voyelle : *l'ome* (m.), *l'estello* (f.). *Lei* passe à *leis* devant voyelle, qu'il précède un nom ou un adjectif : *leis oustau* "les maisons", prononcé "leïzoustaou" (avec [z], *leis òrrei roucas* "les horribles rochers" (☺ n°59).

L'article indéfini : *un* (m.), *uno* (f.). Le *-o* de *uno* est élidé devant voyelle dans la prononciation mais pas dans l'orthographe : *uno amigo* "une amie" se prononce "unamigo". Son pluriel direct est *ùnei* (ou *ùneis* devant voyelle), dont l'emploi est rare et dont le sens est plutôt "quelques" que "des" (☺ n°60) : *Ai vist ùnei niéu* "j'ai vu quelques nuages", *ùneis ome de mar dien que la chavano arribo* "certains marins disent que l'orage arrive". On s'en sert d'ailleurs aussi, parfois, pour indiquer un pluriel limité à deux (équivalent à "une paire de..." : *ùnei cisèu, ùneis estenaio* "une paire de... ciseaux, tenailles". En fait, le pluriel indéfini est surtout indiqué par l'emploi de l'article partitif.

Il existe en effet en provençal un véritable **article partitif** *de* (prononcé "dé"), différent de l'article contracté défini *de +lei* qui donne *dei* (alors qu'en français, l'article contracté *des* occupe les deux fonctions). Ainsi on a (☺ n°61) :

    mànji de pan "je mange du pain" (m. sing.),
    bùvi d'aigo "je bois de l'eau" (f. sing.),
    douno-mi de figo "donne-moi des figues" (f. plur.),
    a roumpu d'uou "il a cassé des œufs" (m. plur.),

Comme on le voit, le partitif *de* s'élide devant voyelle. On a en revanche comme **article défini contracté**, à partir de la préposition *de* (☺ n°62) :

    lou blanc dóu pan "la mie du pain" (= *de* + *lou*, prononcé "doou")
    la téulisso de l'oustau "la toiture de la maison" (= *de* + *lou* élidé)
    la calamo de la mar "le calme de la mer" (= *de* + *la*)
    la frescou de l'aigo "la fraicheur de l'eau" (= *de* + *la* élidé)
    la voulado deis aucèu "le vol des oiseaux" (= *de* + *leis*)
    la vengudo dei coulègo "la venue des copains" (= *de* + *leis*)
    es lou mai bèu deis aubre "c'est le plus beau des arbres".

L'autre contraction possible est celle de *à* + article défini *lou*, qui donne *au* (prononcé "oou") au m. sing. et *ei* ou *eis* devant voyelle au pluriel. Au féminin et en cas d'élision en *l'*, il n'y a pas contraction (☺ n°63) :

Vai au marcat "va au marché"
Vai à l'estànci "va à l'étage" (m. sing.)
Vai à la mar "va à la mer"
Vai à l'estacien "va à la gare" (f. sing.)
Demando ei pastre "demande aux bergers" (plur.)
Demando eis ensignaire "demande aux enseignants" (plur. devant voyelle)

Les adjectifs démonstratifs, identiques aux pronoms démonstratifs, sont les suivants :
aquéu (devant consonne)/*aquel* (devant voyelle), *aquest, aqueste, aquéstou* (m. sing.)
aquelo, aquesto (f. sing.),
aquélei, aquéstei devant consonne, *aquéleis, aquésteis* devant voyelle.

La forme *aquest* (m. sing.), d'usage rare, se prononce *"aquès"* et *"aquèz"* devant voyelle. D'une manière générale, la série *aquéu, aquelo, aquélei* est la plus usitée. La distinction de sens "qui est proche" (série en *t*) et "qui est éloigné" (série en *l*) a aujourd'hui à peu près disparu. On signifie donc la proximité en ajoutant *d'aqui* ("d'ici") et la distance en ajoutant *d'eila* (de là-bas") : *aquéu d'aqui, aquéu d'eila* "celui-ci tout près, celui-là plus loin".

La voyelle atone finale de *aqueste, aquéstou, aquelo* est élidée dans la prononciation (mais pas à l'écrit) devant voyelle.

Il existe des formes courtes *este, éstou, ésto, éstei(s)* mais leur usage est rare, réservé à l'adjectif et souvent lié à des locutions figées type *éstou matin, esto sero* "ce matin, ce soir".

Les adjectifs possessifs placés avant le nom fonctionnent comme en français en ce qui concerne la répartition des formes (selon le genre et l'initiale du nom qui suit), sauf en ce qui concerne la troisième personne pluriel -P3 plur.-, pour laquelle on utilise la même série qu'au singulier (☺ n°64) :
P1 sing. *moun, ma, mei*
P2 sing. *toun, ta, tei*
P3 sing. *soun, sa, sei*
P1 plur. *nouaste, nouasto, nouàstei*
P2 plur. *vouaste, vouasto, vouàstei*

P3 plur. *soun, sa, sei*
Les formes en *-ei* passent à *-eis* devant voyelle.
Ainsi, *An manja sa biasso* signifie en même temps "ils ont mangé leur casse-croute" et "ils ont mangé son casse-croute". L'ambigüité sera supprimée par le contexte ou par un ajout du type *Li an manja sa biasso* "Ils lui ont mangé son casse-croute".

Il existe en outre une série d'adjectifs possessifs placés après le nom dont les formes sont identiques à celles des pronoms possessifs (☺ n°65) :
P1 sing. *miéu, miéuno*
P2 sing. *tiéu, tiéuno*
P3 sing. *siéu, siéuno*
P1 plur. *nouastre, nouastro*
P2 plur. *vouastre, vouastro*
P3 plur. *siéu, siéuno*
On les emploie en les accordant au nom "possédé" : *un coulègo miéu, lei coulègo siéuno, lou mèstre nouastre* "un camarade à moi, ses camarades à lui/à elle, notre maitre". La valeur sémantique est souvent soit une sélection parmi un plus grand nombre ("un de mes camarades"), soit une insistance sur la possession. On les emploie également comme attributs du sujet : *aquelo veituro es miéuno* "cette voiture est à moi" (littéralement : "cette voiture est mienne"). Comme ils sont placés après le nom, ils ne prennent pas de marque du pluriel (cf. adjectifs qualificatifs).

Les adjectifs interrogatifs, qui sont aussi des pronoms interrogatifs, sont soit :
-*que* (prononcé *qué*), invariable, qui n'indique donc pas le nombre du nom et correspond à l'italien *che*, au français "quel, quels, quelle, quelles" (☺ n°66) : *que batèu ? que mountagno?* "quel(s) bateau(x) ? quelle(s) montagne(s) ?"
-une série de mots variables et qui s'accordent avec le nombre sémantique du nom : *quinte, quìntou* (m.), *quinto* (f.), *quìntei* (plur.), ou *qunte, qùntou, qunto, qùntei* "quel/lequel, quelle/laquelle, quels/lesquels, quelles/lesquelles" (☺ n°67) : *quinto camié metes ?* "quelle chemise est-ce que tu mets ?", *quìntou camin fòu prene ?* "quel chemin faut-il prendre ?", *As dorbi quìntei fenèstro ?* "quelles fenêtres est-ce que tu as ouvertes ?".

Les adjectifs de quantité sont peu nombreux. Il s'agit de *chasque* (m.), *chasco* (f.) ou *cade* (m.), *cado* (m. et f.) "chaque", toujours singuliers ; *degun* (m.), *deguno* (f.) "aucun, aucune", idem, plutôt rares (on préfère l'adverbe *gié*) ; *mant* (m.), *manto* (f.) "beaucoup de", toujours singuliers ; *tàntei* "tant de", toujours pluriel (s'emploie aussi comme adverbe) ; *fouaço* "beaucoup", invariable (s'emploie aussi comme adverbe) ; *quauque* (m. sing.), *quauco* (f. sing.), *quàuquei(s)* (plur.) "quelque(s)" ; *tout* (m. sing.), *touto* (f. sing.), *tóuti* (plur.) "tout, toute, tous-toutes" (☺ n°68) : *chasque jou, cado estiéu, deguno flour, manto (uno) annado, tàntei gènt, fouaço mounde, quàuquei tèms, tóuti lei dìscou* "chaque jour, chaque été, aucune fleur, beaucoup d'années, beaucoup de gens, beaucoup de monde, quelques temps, tous les disques".

Restent **les adjectifs numéraux** cardinaux ou ordinaux. Pour les cardinaux, on notera comme particularité l'accord en genre avec le nom de l'équivalent du français "deux", *dous* (m.) et *douas* (f.). Pour les ordinaux, qui s'accordent en genre et en nombre, le suffixe employé au delà de *proumié* "premier", est usuellement *-èime* (m.), *-èimo*(f.), avec un éventuel pluriel en *-ei*. On trouvera également une forme refaite sur le suffixe *-en* (m.), *-enco* (f.) qui est très utilisé par ailleurs pour de nombreuses dérivations (*proumeiren, autounen* "primeur, automnal", *toulounenco* "toulonnaise" et la plupart des noms de lieux, etc.). Il a été au départ spontanément étendu aux chiffres par analogie, mais cette forme semble aujourd'hui relativement peu employée, sauf dans la vallée du Rhône et les textes littéraires. En voici une liste (les consonnes finales entre parenthèses ne sont pas prononcées) :

☺ n°69

Cardinaux	Ordinaux
zèro	
un (m.), *uno* (f.),	*proumié, proumiero*
dous (m.), *douas* (f.)	*segound, segoundo*
tres, tre(s)	*tresèime, tresèimo*
	ou *tresen, tresenco*
quatre	*quatrèime, -èimo*
	ou *quatren, -enco*, etc.
cin(q)	*cinquèime, -èimo*
sièi(s)	*sieisèime, -èimo*
sè(t)	*setèime, -èimo*

vue	vuechèime, -èimo
nòu	nóuvèime, -èimo
dès	desèime, -èimo
vounge¹,	voungèime, -èimo
douge	dougèime, -èimo
trege	tregèime, -èimo
quatorge	quatourgèime, -èimo
quinge	quingèime, -èimo
sege	segèime, -èimo
dès-e-sè(t)	dès-e-setèime, , -èimo
dès-e-vue	dès-e-vuechèime, -èimo
dès-e-nòu	dès-e-nouvèime, -èimo
vin(t)	vintèime, -èimo
Vint-un, vint-e-un	vint(-e)-unèime, -èimo
Vinto-dous	vinto-dousèime, -èimo
(...)	

vinto-tres, trento, quaranto, cinquanto, sieissanto, setanto, vuechanto (ou *quatre-vint*), *nounanto, cènt, dous cèn(t), milo, dous milo, cènt milo, un milien, un miliar(d)...*

NB : *vue* passe à *vuech* et *nòu* à *nòuv* devant voyelle, par ex. dans *vuech ouro, nòuv ouro* "huit heures, neuf heures". De même, réapparaissent alors les consonnes finales de *cinq, sièis, sèt*, sachant qu'en liaison le *s* passe à *z* : *"cinq ouro, sièi-z-ouro, sèt_ouro, dèzouro..."* (☺ n°70). Notons au passage que l'heure se dit en provençal comme en français ou en italien, sauf qu'il est très rare de compter au delà de douze (on dit *tres ouro de l'après-dina* et non "treize heures"), et que "moins" se dit *màncou* (ex. *douas ouro màncou dès* "deux heures moins dix".

c) Les adjectifs qualificatifs présentent trois particularités principales :
-ils sont très généralement placés *après le nom*, et rares sont ceux qui requièrent d'être placés avant ; c'est là une tendance romane de fond (à comparer avec le français qui tient de ses influences germaniques le recours fréquent à l'antéposition) ; on dira ainsi (☺ n°71) *un ome pichoun, de sau grosso, uno fiho poulido, de founcien impourtanto* "un

---

¹Il existe pour la série en -*ge* une série équivalente en -*ze* : *vounze, douse, trese, quatorze, quinze, sese*, avec des mélanges entre les deux séries, selon les lieux et les personnes. En outre, la forme -*ge* se prononce "dzé" et non "djé" dans la vallée du Rhône.

petit homme, du gros sel, une jolie fille, d'importantes fonctions", etc.

-on les emploie aisément comme adverbes (☺ n°72) : *es proubable vengudo, censa a canta uno cansoun, mi va diguè soulide, tenguè ferme l'empento* = mot à mot "elle est probable(ment) venue, censé(ment) il a chanté une chanson, il me l'a dit sûr(ement), il a tenu ferme(ment) la barre" ;

-l'adjectif placé juste avant le nom qu'il qualifie s'accorde en nombre avec celui-ci et prend une marque du pluriel selon les règles expliquées ci-après (s'il y a plusieurs qualificatifs antéposés, seul s'accorde celui qui précède immédiatement le nom) ; dans toutes les autres positions, l'adjectif est, comme le nom, invariable en nombre (mais il est toujours accordé en genre, sauf les adjectifs en -*i* post-tonique, type *óubligatòri, poupulàri*, qui sont invariables).

Règles d'accord en nombre des adjectifs
-les adjectifs se terminant en -*o*, -*e*, post-toniques ont un pluriel en -*ei* (ou en -*i* dans la vallée du Rhône) (☺ n°73) :

-*la bello fiho* > *lei bèllei fiho* "la belle fille > les belles filles"

-*lou sourne pantai* > *lei sóurnei pantai* "le sombre rêve > les sombres rêves" ;

devant un nom commençant par une voyelle, on ajoute un -*s* (prononcé [z]) :

-*uno grando amista* > *de gràndeis amista* "une grande amitié > de grandes amitiés"

-*un triste auvàri* > *de tristeis auvàri* "un triste accident > de tristes accidents" ;

-les autres adjectifs restent invariables devant consonne et prennent un -*s* devant voyelle :

-*un bèu païs* > *fouaço bèu païs* "un beau pays > beaucoup de beaux pays"

-*moun vièi ami* > *mei vièis ami* "mon vieil ami > mes vieux amis"

-*soun grand enfant* > *sei grands enfant* "son grand fils > ses grands fils".

La comparaison des adjectifs et des noms (ou des pronoms), est exprimée (☺ n°74) :

-pour l'infériorité relative par *mens... que* ou *pas tant... que* : *crido mens fouart que tu, manjo pas tant que iéu* "il crie moins fort que toi, il mange moins que moi" ;

- pour l'infériorité "absolue" par *lou men(s)* : *Lou macintosh es lou mens coumplica (deis ourdinatour)* "le macintosh est le moins compliqué des ordinateurs" ;
- pour l'égalité par *tant/autant... que/coumo* : *acò couasto autant chièr coumo dins l'autro boutigo, lou mestié es tant dificile encuei qu'à passatèms* "cela coute aussi cher que dans l'autre magasin, le travail est aussi difficile aujourd'hui qu'autrefois" ;
- pour la supériorité relative par *mai... que* ou *plus... que* : *l'a mai d'astencien que de vote, es plus couioun qu'uno gamato* "il y a plus d'abstentions que de suffrages, il est plus idiot qu'une bassine" ;
- pour la supériorité "absolue" par *lou mai* ou *lou plus* : *aquelo es la mai senado, lou plus sabènt s'es teisa* "celle-là est la plus intelligente, le plus savant s'est tu".

Comme dans les autres langues romanes, les adjectifs *bouon* et *marrit* "bon, mauvais", ont des comparatifs de supériorité spécifiques, *meiou* et *pièji* "meilleur, pire", qui peuvent se combiner avec la supériorité absolue : *lou plus pièji* "le pire du pire" (littéralement "le plus pire").

L'augmentatif de base est *fouaço* "très", le diminutif *gaire* "peu" : *es fouaço brave, mai gaire finòchou* "il est très gentil, mais peu malin". Il existe également de nombreuses locutions emphatiques comme *tout plen, coumo tout, mai que mai, rèn de rèn*, qu'une créativité personnelle d'images vient enrichir (voir "façons de dire"). *Proun* signifie à la fois "suffisamment" et "beaucoup", comme le "assez" français : *n'a proun* "il y en a assez", *es proun richo* "elle est très riche". On notera cependant que le recours aux suffixes augmentatifs ou diminutifs est libre et très fréquent, pour les noms comme pour les adjectifs : *grando, grandeto, grandasso, grandarasso* "grande, un peu grande, très grande, très très grande", *aucèu, auceloun, aucelet, aucelounet, aucelas* "oiseau, petit oiseau, très petit oiseau, très très petit oiseau, gros oiseau".

d) Les pronoms présentent des particularités notamment dans l'emploi sujet et en position de complément d'objet.

NB : pour les formes *mi, ti, si,* surtout employées sur la côte, il existe une prononciation *me, te, se* surtout employée dans l'arrière-pays et la vallée du Rhône, avec de nombreux mélanges. Je les écrirai en -*i* car c'est ma prononciation familiale et locale (région Marseille-Toulon), mais le lecteur pourra garder l'équivalence en mémoire.

Les **pronoms sujets** sont, dans l'ordre habituel, *iéu, tu, éu/elo, nautre/nautro, vautre/vautro, vous, élei* "je, tu, il/elle, nous (m./f.), vous (m./f. pluriel), vous (de politesse), ils/elles". On ne les emploie que comme forme d'insistance ou pour supprimer une éventuelle ambigüité. Les verbes ayant toujours une terminaison qui indiquent clairement la personne (comme en italien ou en espagnol), on n'a pas besoin d'ajouter systématiquement un pronom sujet pour l'indiquer (au contraire du français). Comparez *cànti, cantes* "je chante, tu chantes" et *iéu cànti e cantes tu tambèn* "moi, je chante et toi, tu chantes aussi" (pour l'inversion fréquente du sujet, voir "structure des énoncés"). On notera que, conformément à ce que nous avons vu sur la prononciation du *u, tu* est souvent prononcé "teu".

On distingue un *vous* de politesse adressé à une seule personne et un *vautre* (m.) ou *vautro* (f.) adressé à plusieurs personnes (tutoyées ou vouvoyées). Ces pronoms *nautre, vautre...* sont des formes courtes de *nous-autre, vous-autre...* qu'on emploie aussi (cf. formes courtes des pronoms compléments ci-dessous).

L'impersonnel troisième personne (rendu en français par *on* au singulier) est exprimé soit par le pronom *si*, soit par une tournure passive ou une tournure 3e personne du pluriel. Ainsi "on dit beaucoup de bêtises sur le provençal" peut se traduire respectivement par (☺ n°75) :
si dis fouaço couiounado sus lou prouvençau
fouaço couiounado soun dicho sus lou prouvençau
dien fouaço couiounado sus lou prouvençau

Les pronoms sujets servent aussi de pronoms compléments indirects après le verbe. Le pronom employé pour l'insistance ou l'interpellation est le pronom sujet, et non le pronom complément comme en italien ou en français : *E tu, que diès ? ; iéu, m'óublidas !* "Et toi, que dis-tu ? ; moi, vous m'oubliez !".

Les **pronoms compléments** placés avant le verbe sont :

mi, m' + *voyelle* ("me")
ti, t' + *voyelle* ("te")
va, v' + *voyelle* ("le", neutre)
lou, l' + *voyelle* ("le" animé)
la, l' + *voyelle* ("la")
li (objet indirect, "lui, leur")
nous ("nous")

vous ("vous")
si, s' + voyelle ("se")
lei, leis + voyelle ("les")
en, n'en ("en")

Exemple (☺ n°76) : *mi pourgirés de béure, vous menarai lou pan* "vous me servirez à boire, je vous donnerai du pain". Devant voyelle, on a éventuellement des formes courtes *l', n', v'* pour *li, nous* ou *en, vous* : *l'avès fa gau, n'avès fa gau, n'avèn parla, v'avèn fa gau* "vous lui avez fait plaisir, vous nous avez fait plaisir, nous en avons parlé, nous vous avons fait plaisir". La forme *va* fait référence à un objet ou une abstraction indéfinis, alors que *lou, la* renvoient à des êtres vivants ou des éléments définis ex. *va sàbi* "je le sais", *lou counouèissi* "je le connais (un homme, un animal...)", *lou proublèmo que lou rescòntri de-longo* "le problème que je (le) rencontre souvent". Son usage est délicat, du fait de cette nuance, mais on peut s'en passer car dans certaines variétés locales ou personnelles de provençal, *lou, la*, remplacent fréquemment ou totalement *va* (inconnu dans la vallée du Rhône).

Le pronom *li* renvoie également à un lieu : *li vau* "j'y vais", ou à une idée *li pènsi* "j'y pense". Il est en ce cas l'équivalent du français *y*. Il sert à construit le présentatif *li a* (ou *l'a*) "il y a" : *li a proun de gènt* "il y a beaucoup de gens". La combinaison *en + li* donne *n'i* ou *n'* avec chute de *li* : *n'i'avès parla* ou *n'avès parla, n'i'a* ou *n'a* "vous lui en avez parlé, il y en a".

Lorsque plusieurs verbes se suivent, l'usage le plus répandu est de placer le pronom avant le premier verbe (conjugué) : *mi vòu ajuda, nous saupras bèn dire lou camin* "il veut m'aider, tu sauras bien nous indiquer le chemin". Lorsqu'ils sont **réfléchis**, on a *mi, ti, si, si, vous, si*, où l'on remarque surtout que *si* sert à la première persone du pluriel (☺ n°77) : *si sian lava lei man* "nous nous sommes lavé les mains", *si penserian qu'èro bouon* littéralement "nous nous pensâmes que c'était bon".

Placés directement après le verbe, les pronoms compléments sont les mêmes (☺ n°78) : *parlo-mi, prene-lou, parlo-li, prene-lei, parlo n'en*, à l'exception de *va* qui passe à *vo* : *digo-vo* "dis-le". Par contre, liés au verbe par une préposition, les pronoms indirects sont les mêmes que les pronoms sujets : *iéu, tu, éu/elo, nautre/nautro, vautre/vautro, vous* (politesse), *élei*, par exemple *mi parlo à iéu, ti va demàndi à tu, acò capito bèn pèr nautre* "il me parle à moi, je te le demande à toi, cela tombe bien pour nous".

Les suites de pronoms compléments sont d'autant plus fréquentes que c'est une habitude, en provençal, de personnaliser les énoncés. De nombreux verbes sont réfléchis, là où le français a un verbe simple : *si crèire, si pensa, si ploura, si toumba, si manca, etc.* "croire, penser, pleurer, tomber, fauter, etc." (cf. "façons de dire"). On pratique de même l'interpellation de l'interlocuteur (☺ n°79) : *Gisclo dóu trin, la fremo, e zou que ti fa peta lei tron* "la dame jaillit du train et voilà qu'elle se met à jurer". Dans ce cas, l'ordre usuel est toujours object indirect ou réfléchi + objet direct : *Mi va diguè, mando-mi-la, crèi-ti-vo* "il me l'a dit, envoie-la-moi, -littéralement- crois-toi-le". Avec *li*, la place est libre, mais les combinaisons sont plus rares, réservées à l'antéposition : *li va diès tròu d'ouro* ou *va li diès tròu d'ouro* "tu le lui dis trop tôt". Après le verbe, *li* est employé seul, l'objet devenant implicite : *digo-li* et non **digo-li-la*.

Les **pronoms démonstratifs** sont identiques aux adjectifs équivalents, à cette précision près que l'on trouve en plus le très fréquent *acò* "cela, ceci, ça, ce" comme démonstratif. D'où le célèbre *qu'es acò ?* "qu'est-ce que c'est ?". Ex. (☺ n°80) *acò m'agrado, acò que vouàli* "cela me plait, ce que je veux". Devant *que*, on emploie aussi usuellement *ce* ou *ço* "ce", type *ce que diéu* "ce que je dis". On rencontre aussi *eiçò*, plus rare, synonyme de *acò*. Enfin, *lou* et *la* peuvent être employés comme pronoms : *es éu lou qu'encapèri* "c'est lui celui sur qui je suis tombé".

Les **pronoms possessifs** sont identiques aux adjectifs possessifs post-posés (*lou miéu, la miéuno, lou nouastre...*).

Les **pronoms interrogatifs** sont les mêmes que les adjectifs (*que* invariable -ou *dequé*-, et série variable *quìntou, quinto...*), avec en plus *qu* ("qui", prononcé "cu" -API [ky]-) dont la variante rhodanienne est *quau*. cf. adverbes. Les mêmes pronoms sont exclamatifs (☺ n°81) : *que mistrau ! quìntou ràchou, digo !* "Quel mistral !, quel avare, dis-donc !".

Le **pronom relatif** général est *que* (prononcé "qué") (☺ n°82) : *la fremo que beilejo, l'avioun que lou viéu, la lèi que ti n'en pàrli, la boutigo que li vai* la femme qui dirige, l'avion que je vois, la loi dont je te parle, le magasin où il va". Il arrive qu'on emploie *ounte, mounte* pour "où", mais on les réserve plutôt aux interrogations (*mounte vas ?* "où vas-tu ?"). Comme on le constate avec les exemples ci-dessus, l'imprécision due à l'emploi d'un même relatif est compensée par une reprise pronominale de l'antécédent dans la relative (*que lou viéu, que ti n'en pàrli, que li vai*, littéralement "que je le vois, que je t'en parle, qu'il y va"). On emploie aussi *que* comme mot de liaison indiquant la relation cause/conséquence (voir plus loin).

Les **pronoms indéfinis** les plus courants sont (☺ n°83) : *un/uno quaucun* "quelqu'un", *degun* "personne", *cadun/caduno* ou *chascun/chascuno* "chacun/chacune", *rèn* "rien", *quaucarrèn* "quelque chose", *autre/autro* "autre(s)", *mume/mumo* "même(s)", *tóuti* "tous, toutes".

Le groupe verbal

a) Comme dans toutes les langues romanes, le verbes s'accorde avec le sujet, quand il y en a un, ou avec la "personne grammaticale" de l'énonciation (puisque les pronoms sujets ne sont pas obligatoires en provençal). On notera, en ce qui concerne les **usages des verbes** (☺ n°84),

-que le sujet est fréquemment mis après le verbe (*arrivo l'ome* "l'homme arrive", *es sus la taulo la sau* "le sel est sur la table"),

-qu'un sujet grammaticalement singulier mais sémantiquement pluriel (sens collectif) entraine un accord au pluriel,

-qu'en revanche le présentatif *es* ("c'est") est toujours singulier (*es de bèllei flour*, littéralement "c'est de belles fleurs" (voir "accords" plus bas),

-que le verbe ne s'accorde pas obligatoirement avec le même sujet que les éventuelles propositions participiales qui l'accompagnent (*S'arrèsto davans la pouarto. Estènt barrado, viro camin.* littéralement : "Il s'arrête devant la porte. Etant fermée, il rebrousse chemin"),

-que les accords en genre des participes passés sont plus étendus que ceux du français (*s'es facho mau, s'es coupado la man* littéralement "elle s'est faite mal, elle s'est coupée la man") et que les participes sont invariables en nombre, comme les noms et les adjectifs post-posés,

-que les infinitifs sont facilement employés comme des noms (*mi manco lou durmi* "je manque de sommeil"),

-que le subjonctif (même passé) et le passé simple sont usuels à l'oral, le subjonctif connaissant des usages plus étendus qu'en français (suppositions comme *venguèsse m'estounarié pas* "s'il venait cela ne m'étonnerait pas"[1], impératif négatif *mi fagues pas d'engàmbi* "ne me fais pas d'entourloupes" (littéralement "ne me fasses pas..."),

-qu'il existe un "passé surcomposé" absolu signifiant un passé occasionnel totalement révolu (*l'ai agudo visto* littéralement "je l'ai eu vue"),

-que les usages des auxiliaires *èstre* et *avé* ou *agué* ne correspondent pas directement à ceux du français *être* et *avoir* (on dit par ex. *es esta* "il est été" comme en italien ou espagnol),

-que les formes négatives et interrogatives sont particulières (négation à un seul élément *pas* avec insistances diverses, pas d'inversion du sujet dans les interrogatives).

Pour la plupart de ces points, trop longs à détailler, voir en outre *structures des énoncés* et *façons de dire* ci-dessous. C'est notamment au regard de ces particularités verbales et des façons de dire qu'on reconnaît un "bon" usager du provençal.

b) Il est impossible de développer ici l'ensemble des **conjugaisons**. On se limitera à celles des auxiliaires, des trois verbes irréguliers les plus fréquents (*ana, faire* ou *fa, dire*, "aller, faire, dire"), d'un exemple de verbe régulier de chacun des trois groupes et de quelques indications complémentaires sur certains points récurrents. La présentation en est faite selon les habitudes de la grammaire traditionnelle.

NB : attention aux règles concernant la syllabe tonique ; la finale atone 3e personne du pluriel *-on* est toujours prononcée "-oun".

Verbe irrégulier et auxiliaire *èstre* "être"   ☺ n°85

Indicatif > présent : *siéu, siés, es, sian, sias, soun* ; futur : *sarai, saras, sara, saren, sarés, saran* ; imparfait : *èri, ères, èro, erian, erias, èron* ; passé simple : *siguèri, siguères, siguè, siguerian, siguerias, siguèron* ; participe présent : *siguènt, estènt* ; participe passé : *esta* (m.), *estado* (f.). Se conjugue avec lui-même aux temps composés (*siéu esta/estado*, etc.).

---

[1] Mais on peut employer comme en français l'imparfait de l'indicatif : *se venié...*

Subjonctif > présent : *siègui, siegues, siegue, siguen, sigués, siegon* ; imparfait : *siguèssi, siguèsses, siguèsse, siguessian, siguessias, siguèsson.*
Conditionnel > présent : *sariéu, sariés, sarié, sarian, sarias, sarien* ; passé : *sariéu esta/estado, sariés esta...*
Impératif : *siegues, siguen, sigués.*

Verbe irrégulier et auxiliaire *avé* ou *agué* "avoir" ☺ n°86

Indicatif > présent : *ai, as, a, avèn, avès, an* ; futur : *aurai, auras, aura, auren, aurés, auran* ; imparfait : *aviéu, aviés, avié, avian, avias, avien* ; passé simple : *aguèri, aguères, aguè, aguerian, aguerias, aguèron* ; participe présent : *avènt* ou *aguènt* ; participe passé : *agu* (m.), *agudo* (f.). Se conjugue avec lui-même aux temps composés (*ai agu*, etc.). Passé surcomposé : *ai agu agu...*
Subjonctif > présent : *àgui, agues, ague, aguen, agués, agon* ; imparfait : *aguèssi, aguèsses, aguèsse, aguessian, aguessias, aguèsson.*
Conditionnel > présent : *auriéu, auriés, aurié, aurian, aurias, aurien* ; passé : *auriéu agu...*
Impératif : *agues, aguen, agués.*

Verbe irrégulier *ana* "aller" ☺ n°87

Indicatif > présent : *vau, vas, vai, anan, anas, van* ; futur : *anarai, anaras, anara, anaren, anarés, anaran* ; imparfait : *anàvi, anaves, anavo, anavian, anavias, anavon*; passé simple : *anèri, anères, anè, anerian, anerias, anèron* ; participe présent : *anant*; participe passé : *ana* (m.), *anado* (f.). Se conjugue avec *èstre* aux temps composés (*siéu ana/anado*, etc.) ; passé surcomposé : *siéu esta/estado ana/anado...*
Subjonctif > présent : *vàgui, vagues, vague, anen, anés, vagon*; imparfait : *anèssi, anèsses, anèsse, anessian, anessias, anèsson.*
Conditionnel > présent : *anariéu, anariés, anarié, anarian, anarias, anarien* ; passé : *sariéu ana/anado...*
Impératif : *vai, anen, anas.*

Verbe irrégulier *faire* ou *fa* "faire" ☺ n°88

Indicatif > présent : *fau, fas, fa, fèn, fès, fan*; futur :

farai, faras, fara, faren, farés, faran ; imparfait : *fahiéu, fahiés, fahié, fahian, fahias, fahien* ; passé simple : *fèri, fères, fè, ferian, ferias, fèron* ou *faguèri, faguères, faguè, faguerian, faguerias, faguèron* ; participe présent : *fènt*; participe passé : *fa* (m.), *facho* (f.). Se conjugue avec *avé* aux temps composés (*ai fa*, etc.) ; passé surcomposé : *ai agu fa, as agu fa...*

Subjonctif > présent : *fàgui, fagues, fague, faguen, fagués, fagon* ; imparfait : *faguèssi, faguèsses, faguèsse, faguessian, faguessias, faguèsson.*

Conditionnel > présent : *fariéu, fariés, farié, farian, farias, farien* ; passé : *auriéu fa...*

Impératif : *fai, fèn, fès.*

Verbe irrégulier *dire* "dire" ☺ n°89

Indicatif > présent : *diéu, diès, dis, dian, dias, dien* ; futur : *dirai, diras, dira, diren, dirés, diran* ; imparfait : *dihiéu, dihiés, dihié, dihian, dihias, dihien* ; passé simple : *diguèri, diguères, diguè, diguerian, diguerias, diguèron* ; participe présent : *dihènt* ou *diguènt*; participe passé : *di* (m.), *dicho* (f.). Se conjugue avec *avé* aux temps composés (*ai di*, etc.) ; passé surcomposé : *ai agu di...*

Subjonctif > présent : *dìgui, digues, digue, diguen, digués, digon* ; imparfait : *diguèssi, diguèsses, diguèsse, diguessian, diguessias, diguèsson.*

Conditionnel > présent : *diriéu, diriés, dirié, dirian, dirias, dirien* ; passé : *auriéu di...*

Impératif : *digo, diguen, digas.*

Verbe régulier en *-a* > *canta* "chanter" ☺ n°90

Indicatif > présent : *cànti, cantes, canto, cantan, cantas, canton* ; futur : *cantarai, cantaras, cantara, cantaren, cantarés, cantaran* ; imparfait : *cantàvi, cantaves, cantavo, cantavian, cantavias, cantavon* ; passé simple : *cantèri, cantères, cantè, canterian, canterias, cantèron* ; participe présent : *cantant* ; participe passé : *canta* (m.), *cantado* (f.). Se conjugue avec *avé* aux temps composés (*ai canta*, etc.) ; passé surcomposé : *ai agu canta...*

Subjonctif > présent : *cànti, cantes, cante, canten, cantés, canton*; imparfait : *cantèssi, cantèsses, cantèsse, cantessian, cantessias, cantèsson.*

Conditionnel > présent : *cantariéu, cantariés, cantarié,*

cantarian, cantarias, cantarien ; passé : *auriéu canta...*
Impératif : *canto, canten, cantas.*

Verbe régulier en *-i* avec *-iss-* > *segui* "suivre" ☺ n°91

Indicatif > présent : *seguìssi, seguisses, seguisse, seguissèn, seguissès, seguisson*; futur : *seguirai, seguiras, seguira, seguiren, seguirés, seguiran* ; imparfait : *seguiriéu, seguiriés, seguirié, seguirian, seguirias, seguirien* ; passé simple : *seguissèri, seguissères, seguissè, seguisserian, seguisserias, seguissèron* ; participe présent : *seguissènt*; participe passé : *segui* (m.), *seguido* (f.). Se conjugue avec *avé* aux temps composés (*ai segui*, etc.) ; passé surcomposé : *ai agu segui...*
Subjonctif > présent : *seguìssi, seguisses, seguisse, seguissen, seguissés, seguisson*; imparfait : *seguissèssi, seguissèsses, seguissèsse, seguissessian, seguissessias, seguissèsson.*
Conditionnel > présent : *seguiriéu, seguiriés, seguirié, seguirian, seguirias, seguirien* ; passé : *auriéu segui...*
Impératif : *seguisse, seguissen, seguissès.*

Verbe régulier en *-i* sans *-iss-* > *parti* "partir" ☺ n°92

Indicatif > présent : *pàrti, partes, parte, partèn, partès, parton*; futur : *partirai, partiras, partira, partiren, partirés, partiran* ; imparfait : *partiriéu, partiriés, partirié, partirian, partirias, partirien* ; passé simple : *partèri, partères, partè, parterian, parterias, partèron* ; participe présent : *partènt*; participe passé : *parti* (m.), *partido* (f.). Se conjugue avec *èstre* ou *avé* aux temps composés (*ai parti* ou *siéu parti/partido* etc.) ; passé surcomposé : *ai agu parti* ou *siéu esta/estado parti/partido...*
Subjonctif > présent : *pàrti, partes, parte, parten, partés, parton*; imparfait : *partèssi, partèsses, partèsse, partessian, partessias, partèsson.*
Conditionnel > présent : *partiriéu, partiriés, partirié, partirian, partirias, partirien* ; passé : *auriéu parti...*
Impératif : *parte, parten, partès.*

Verbe régulier en *-e roumpre* "casser" ☺ n°93

Indicatif > présent : *róumpi, roumpes, roumpe,*

roumpèn, roumpès, roumpon; futur : *roumprai, roumpras, roumpra, roumpren, rouprés, roumpran* ; imparfait : *roumpiéu, roumpiés, roumpié, roumpian, roumpias, roumpien* ; passé simple : *roumpèri, roumpères, roumpè, roumperian, roumperias, roumpèron* ; participe présent : *roumpènt*; participe passé : *roumpu* (m.), *roumpudo* (f.). Se conjugue avec *avé* aux temps composés (*ai roumpu* etc.) ; passé surcomposé : *ai agu roumpu* ou...
Subjonctif > présent : *róumpi, roumpes, roumpe, roumpen, roumpés, roumpon* ; imparfait : *roumpèssi, roumpèsses, roumpèsse, roumpessian, roumpessias, roumpèsson*.
Conditionnel > présent : *roumpriéu, roumpriés, roumprié, roumprian, roumprias, roumprien* ; passé : *auriéu roumpu...*
Impératif : *roumpe, roumpen, roumpès*.

Les **temps composés** existant en provençal sont, à l'exception du passé surcomposé donné ci-dessus, les mêmes que dans les autres langues romanes et donc qu'en français (passé composé, futur antérieur, plus-que-parfait, passé antérieur, conditionnel passé...). Leur valeur sémantique d'expression de la chronologie et du point de vue aspectuel y sont globalement identiques, sauf en ce qui concerne les subjonctifs et le passé surcomposé (cf. plus haut), ainsi que le passé composé (par lequel on indique surtout le résultat présent d'un phénomène passé, puisque le passé simple indique usuellement un phénomène révolu).

Les formes **passives** sont également similaires (même construction, préposition *pèr* et *de*, mêmes usages).

La **négation** usuelle se fait en faisant suivre le verbe conjugué de *pas* prononcé [pa] : *auvisse/auvisse pas* "il entend/il n'entend pas". L'impératif, à la forme négative, est exprimé par le subjonctif présent (ordre) ou passé (conseil) : *parlo !, parles pas !/parlèsses pas !* "parle !, ne parle pas !".

On notera que le système des sons du provençal implique, pour le radical de nombreux verbes, une **alternance de voyelles** [voyelle fermée/voyelle ouverte] selon que cette voyelle est pré-tonique ou tonique par rapport à la terminaison. C'est surtout le cas pour [ou/oua, é/è, u/ue]. On a alors *ou, e, u,* en prétonique et *oua, è, ue* en tonique, comme par exemple dans (☺ n°94) *pourta/pouàrti, veni/vèni, curbi/cuèrbi* "porter/je porte, venir/je viens, couvrir/je couvre". La voyelle du radical ne passe en position

- 99 -

tonique qu'aux personnes n° 1, 2, 3, 6 de l'indicatif présent, du subjonctif présent et à la 2e personne singulier de l'impératif. Cela n'est pas vrai pour tous les verbes à infinitif en *-ou-*, car certains conservent le *-ou-* à la tonique (pour des raisons liées à l'étymologie), voir *roumpre* ci-dessus. Pour les **consonnes** écrites, les verbes dont l'infinitif est en *-ja* conserve la *-j-* au cours de la conjugaison, même devant *-e*, *-i* : *manja, blanqueja* donnent *mànji, manjen, blanquèji, blanquejen* "je mange, mangeons !, je blanchis, blanchissons !" etc.

L'irrégularité des verbes se manifeste surtout par l'emploi de **divers radicaux** dans la conjugaison (cf. ci-dessus). C'est aussi le cas pour le verbe courant *saupre* ou *saché* ou *sabé* "savoir" (dont les trois infinitifs possibles reprennent les trois radicaux employés dans la conjugaison), et pour le verbe courant *poudé* ou *pousqué* "pouvoir" (même chose), etc. Les verbes terminés en *-ia* à l'infinitif, comme *travaia, remarcia*, pour lesquels une première personne en *-i* pose un problème (type *travàii, remarcìi*), ont fréquemment, en ce cas, une terminaison en *-iéu* empruntée aux verbes courts irréguliers *dire, èstre, rire, vèire* (*diéu, siéu, riéu, viéu* "je dis, je suis, je ris, je vois") : *travaiéu, remarciéu* "je travaille, je remercie", puis normalement *travaies, travaio...*

Certains verbes ont **deux conjugaisons possibles** de deux groupes différents. C'est le cas par exemple pour *legi, liege* "lire", qui peut donc appartenir au groupe en *-i* avec *-iss-* ou au groupe en *-e* et être conjugué, soit : *legìssi, legisses*, etc., soit : *lièGi, lièges*, etc. Même chose pour *bouli, bouï* ou *bouie* "bouillir", *prusi* ou *pruse* "démanger", *teni* ou *tène* "tenir", *refusa* ou *refusi, repeta* ou *repeti*, etc.

c) Toutes les **variétés géographiques ou sociales** de la langue sont, on l'a vu, très bien acceptées, jusque dans l'orthographe, conçue les transcrire. Le domaine des conjugaisons est l'un de ceux où ces variations sont nombreuses et emblématiques. J'ai donné dans les tableaux ci-dessus les formes du provençal maritime que je parle. Les alternances de voyelles, les jeux sur plusieurs radicaux, les doubles conjugaisons déjà signalés sont aussi liés à ces variations. Ainsi, l'alternance [ou/oua] est en [ou/o ouvert] dans la vallée du Rhône. Certains conjuguent *coupa* ou *tourna* avec une alternance fermée/ouverte (*coupa/copo, tourna/touàrni*), d'autres non (*coupa/coupo, tourna, tóurni*). Les terminaisons de la première personne sont prononcées *-é* dans la vallée du Rhône, *-i* ailleurs (*-ou* si l'on inclut les parlers montagnards). Pour les autres groupes que celui en -*a*, le subjonctif imparfait est toujours en -*gu*- dans la vallée du Rhône (*falié que partiguèsse* "il fallait qu'il parte"), mais n'est en -*gu*- que pour les verbes courts ailleurs (cf. *dire* et *parti* ci-dessus). Etc. On ne sera donc pas surpris d'entendre ou de lire des formes différentes, sachant qu'elles ne gênent jamais l'intercompréhension.

Les adverbes

Les adverbes sont soit des mots spécifiques (*plan, sèmpre* "lentement, toujours"), soit forgés sur les adjectifs féminins avec le suffixe -*amen* (☺ n°95 *franco, eisado > francamen, eisadamen* "franchement, facilement"). Il n'est pas possible de donner ici une longue liste des adverbes de lieu, de temps, etc. (cf. lexique). On notera principalement que :
    -les adjectifs peuvent être directement employés comme adverbes (cf. adjectifs ci-dessus) ;
    -l'adverbe est souvent inséré à l'intérieur du groupe verbal et notamment, comme les pronoms, précèdent les verbes : *l'ai puei agudo visto, sènso mai dire, en tant cridant, en pas lou sachènt, pèr lou pas faire*, littéralement "je l'ai puis eu vue, sans davantage dire, en autant criant, en pas le sachant, pour le pas faire", c'est-à-dire : "je l'ai vue occasionnellement par la suite, sans en dire plus, en criant autant, en ne le sachant pas, pour ne pas le faire" ;
    -certains adverbes sont variables, notamment en genre, selon la même tendance déjà vue pour les verbes (*si tèn drecho, lei nue soun tànti negro*, littéralement "elle se tient droite, les nuits sont si<u>es</u> noires".

Structures des énoncés

Je ne signalerai ici que ce qui n'a pas été déjà dit à propos des différents éléments grammaticaux ci-dessus et qui n'est pas repris dans les "façons de dire" ci-dessous.

    a) Les **mots de liaison**, prépositions, adverbes de liaison, conjonctions, fonctionnent globalement comme dans la plupart des langues romanes (cf. relatifs ci-dessus). Les emplois en sont parfois particulier :
    -*puei* "puis, ensuite", d'usage très fréquent, se place plutôt après le verbe : *es puei vengu* "puis il est venu" ; il prend ainsi souvent le sens de "donc" (*es puei acò sa toco*

"c'est donc ça, son but") ; de même, les groupes de mots, propositions, phrases, sont régulièrement reliés par des liaisons renforcées typiques d'un discours provençal, comme *em'acò/em'oucò*, littéralement "et avec ça" au sens de légère opposition[1], *ato/eto*, de sens approchant "d'ailleurs", *pamens*, littéralement "pourtant", etc. (☺ n°96) :
-*Es arriba d'ouro. Em'acò èro pas countènt* ("il est arrivé tôt. Il n'était pas content")...
-*Ato pamens que nous digue perqué !* ("Au moins qu'il nous dise pourquoi !") ;
-la préposition *de* a comme en espagnol et italien, des usages beaucoup plus étendus que le "de" français, équivalents à ceux de "à, pour...", ou n'ayant aucun correspondant direct en français (☺ n°97) : *lou vinto-dous d'abriéu* "le 22 avril", *lou moulin de cafè* "le moulin à cafè", *pènso d'elo* "il pense à elle", *d'aquéu pastis !* "quel bazar !", *ai rèn de dire* "je n'ai rien à dire", *si leva de matin* "se lever le matin", *garço-lou sus d'aquelo taulo* "fiche-le sur cette table", *acò a d'èstre fa* "cela doit être fait", *lou tipe de la panso grosso* "le type au gros ventre", *es un vin dei bouon* "c'est un vin parmi les meilleurs", *es arribado d'aquelo routo* "elle est arrivée par cette route"...
-les prépositions, ainsi que divers adjectifs, sont souvent employées comme adverbes : *a capita sènso* "il a réussi sans (cela)", *parlavo tèsto souto* "il parlait la tête baissée", *mando-lou fouaro* "envoie-le (de)hors"... Inversement, des adverbes de lieux servent de préposition : on dit pareillement *dessus la téulisso* et *sus la téulisso* "sur le toit", *souto l'armàri* et *dessouto l'armàri* "sous l'armoire"...
-la conjonction de subordination *que* connait des emplois étendus ; le plus typique est sa valeur logique équivalente à "car, parce que" : *ti demàndi 'cò que va sàbi pas faire* "je te demande ça car je ne sais pas le faire" ; cela prolonge la même tendance que celle du relatif général *que*,

b) Les **accords** avec le nom concernent surtout le genre dans le groupe nominal, la marque du pluriel étant limitée aux déterminatifs et à l'adjectif directement placé avant le nom (voir plus haut). L'accord du verbe avec la nom sujet concerne le genre et le nombre, selon les personnes

---

[1]C'est du *em'oucò* des Toulonnais, entendu notamment chez les marins, que vient le terme *moco* par lequel les Bretons désignent les Provençaux. Cf. le film *Pépé le Moko*.

grammaticales. Ici, le système est similaire à celui de l'italien ou du français, sauf que :

-un sujet grammaticalement singulier mais sémantiquement pluriel amène un pluriel (*tout lou mounde si soun escapa* "tout le monde s'est enfui" ; *uno souco de travaiaire passon d'aqui*, "une équipe de travailleur passe par là ; *moun fraire, que sian ana juga* "mon frère, avec qui je suis allé joué"),

-et que les accords au féminin sont très généralement appliqués, au contraire des usages du français populaire non méridional. Cela concerne notamment les "attributs" du sujet, les participes passés par rapport à un COD placé avant le verbe (☺ n°98) (*la boutiho qu'ai presso*), et même, on l'a vu, les verbes pronominaux et suites de verbes (*s'es facho bello, l'ai facho sarci, s'es coupado la man*"elle s'est fait(e) belle, je l'ai fait(e) raccomoder, elle s'est coupé(e) la main").

Les locutions verbales présentatives s'accordent selon la personne mais pas en nombre à la 3e : *siéu iéu, siés tu, es éu, sian nautre, sias vautre, es éli* "c'est moi, toi, lui, nous, vous, eux", littéralement "ce suis je, c'es tu, c'est lui, ce sommes nous, c'êtes vous, c'est eux" (même chose avec un sujet nominal, cf. ci-dessus).

Dans les expansions par proposition relative, la personne du sujet reste portée par le verbe : *Siéu esta lou bèu proumié que parlèri* "j'ai été le premier qui a parlé", littéralement "... que je parlai", *siéu iéu que v'ai fa* "c'est moi qui l'ai fait", littéralement "je suis moi que je l'ai fait".

c) L'**ordre des éléments** mérite quelques remarques. Le provençal est classé par les linguistes dans les langues analytiques (c'est-à-dire sans déclinaisons) à ordre dominant Sujet-Verbe-Objet (SVO), comme la plupart des langues romanes. Cela dit, ce n'est obligatoirement le cas que lorsqu'il y a une ambigüité possible entre le sujet et l'objet direct : *Batisto seguisse Magali* "Baptiste suit Magali" ne signifie pas la même chose que *Magali seguisse Batisto*. Lorsqu'il n'y a pas d'ambigüité possible, lorsqu'il n'y a pas de complément d'objet direct ou qu'il y a un objet indirect (Oi), lorsque le complément est un circonstanciel (C), l'ordre est volontiers modifié, notamment pour mettre certains éléments en relief, ce qui répond à une façon de dire typiquement provençale. On trouvera ainsi fréquemment (☺ n°99) :

-une absence de sujet distinct, puisque la personne est marquée, sans pronom, par la terminaison verbale : *màndi*

uno telefounado "je donne un coup de téléphone") = V(S)O ;
   -un sujet mis après le verbe (*aqui vai Francés* "François va là-bas" = CVS), *manjo gaire à miejou moun paire* "mon père ne mange pas beaucoup à midi" = VCS, *plouro ta souarre* "ta sœur pleure" = VS, *s'es enana lou pescadou ?* "le pêcheur est parti ?" = VS) ;
   -un complément d'objet indirect ou un circonstanciel avant le verbe (*à l'oustau mi siéu recampa* "je suis rentré chez moi" = CV(S), *au Cònsou fòu demanda* "il faut demander au maire" = OiV) ;
   -un complément d'objet direct -parfois doublé- avant le verbe, quand il n'y a pas d'ambigüité (*la veituro voulié* "il voulait ma voiture" = OV(S), *de liéume n'en croumpes pas au marcat* "tu n'achètes pas de légumes au marché" = OOV(S)C) ; c'est souvent le cas quand le complément d'objet est une proposition subordonnée (*que pàgui lou viàgi demando* "il demande que je paye le voyage" = OV(S), *mounte vau va dirai pas* "je ne dirai pas où je vais" = OOV).
   Il n'y a pas d'inversion du sujet dans les formes interrogatives. L'intonation à l'oral, le point d'interrogation à l'écrit, des mots interrogatifs, signalent l'interrogation. La négation se fait par l'insertion de *pas* ou autre mot négatif (*plus, ges, gaire...*) après le verbe.
   L'ordre des verbes est lié à l'emploi des pronoms ou prépositions (et vice-versa). On a vu que le pronom complément précède en général deux verbes à suivre au lieu d'être inséré entre eux : *ti vau esplica* "je vais t'expliquer". De même on dire plutôt *mena dansa uno fiho, bouta seca de linçòu* emmener une fille danser, mettre des draps à sécher".
   En ce qui concerne l'ordre des adjectifs et des pronoms, voir plus haut.

9. Façons de dire

   Au delà des structures grammaticales, toute langue est marquée, dans les pratiques, par le phénomène communicationnel et culturel des "façons de dire", c'est-à-dire ce qu'on appelle aussi des idiomatismes, une phraséologie, un style particulier de conversation et de référence au monde. Cela influe en profondeur sur le choix du lexique, les constructions grammaticales, la phonétique. Les façons de dire provençales, bien connues dans le français régional parlé en Provence, sont principalement caractérisées par un abord direct, simple et franc, un recours massif au vocabulaire de l'action (plus de verbes concrets que de noms abstraits ou d'adjectifs), de nombreuses mises en relief, une présentation des choses imagée et souvent plaisante (beaucoup de métaphores et de comparaisons proverbiales ou inventées), un aspect populaire sans être vulgaire, le tout dans une parole abondante, appuyée par une gestuelle omniprésente, qui cache une grande pudeur. L'écriture du provençal s'étant mise en place sans construction d'une norme académique, on retrouve ces façons de dire et cette expressivité populaire jusque dans les textes des grands écrivains.

Beaucoup de mots dont les équivalents français sont vulgaires ne sont que familiers en provençal, tels *couioun, pissa, putan, boudiéu*, alors qu'au contraire *coun* est un terme très marqué. Une certaine familiarité figure parmi les règles de la politesse provençale et méditerranéenne en général. Il faut bien le comprendre, car dans d'autres cultures, par exemple en France non méridionale, elle serait considérée comme un manque de politesse. Cela se manifeste dans la manière et le fait même de converser : le silence en présence d'individus, même inconnus, est perçu en provençal comme une impolitesse. Cette familiarité apparait également dans un tutoiement facile et rapide. Ce n'est au contraire qu'avec les intimes, les amis, les proches, qu'on se permettra un mode de prise de parole plus austère, comme le rappelle le proverbe *gau de carriero, doulou d'oustau* "joie dans la rue, douleur à la maison".

Cela dit, les usages du provençal ayant été fortement cantonnés dans la vie privée par la concurrence du français "officiel" de la vie publique, on n'aborde pas un inconnu en provençal aujourd'hui, sauf exception : ce serait s'introduire sans gêne dans sa vie intime. Pour un premier contact est nécessaire un passage par le français, où des provençalismes progressivement multipliés vont faire signal et permettre le passage au provençal. Cela est moins vrai dans des lieux de connivence collective où la parole des autres, en provençal, est entendue librement, tels cafés, jeux de boules, courses de taureaux, joutes nautiques, fêtes traditionnelles. On peut alors s'y mêler sans crainte, encore qu'une phase de remarques sur les particularités locales du provençal de chacun permettra de s'apprivoiser.

En ce qui concerne l'**esprit général des énoncés**, comparez les équivalents (☺ n°100) :

-*Acò vau pas uno peto, paure !*, littéralement "ça ne vaut pas une crotte de chèvre, pauvre !", c'est-à-dire "cela n'a aucune valeur acceptable" (on ne dira pas *acò a ges de valour acetablo*),

-*Ve, mi limo lei nèrvi que mi regarde pèr dessus l'espalo*, littéralement "vois, ça me lime les nerfs qu'il me regarde par dessus l'épaule", c'est-à-dire "son attitude hautaine provoque mon irritation" (on ne dirait pas *soun atitudo auturouso prouvoco moun entahinamen*),

-inversement "la différence, s'il y en a, se trouve dans les repères spatiaux des populations" se dira *lei gènt regardon pas tóuti soun ròdou dintre lei mùmei tanco : es acò que, tant, es pas parié*, littéralement "les gens ne regardent pas tous leur contrée dans les limites des mêmes bornes : c'est ça qui, peut-être, n'est pas pareil",

-"se lier pour soutenir une cause commune ne peut être que positif" se dira *Fara de bèn, de tout segu, que si dounen la man pèr coumpli ensèmble la batudo*, littéralement "ça fera du bien, de tout sûr, que nous nous donnions (un coup de) main pour mener ensemble le travail".

Cette façon de dire se manifeste notamment par les provençalismes suivants :

a) Il est fréquent d'utiliser un **verbe d'action**, un adverbe, un adjectif concret, etc. pour éviter un nom d'abstraction :

Mi lèvo lou buoure "ça m'empêche de boire" (littéralement : "ça m'enlève le boire") ;

Lou coumplica de l'istòri "la complexité de l'histoire" (litt. : "le compliqué de...") ;

Lou dificile de l'afaire "la difficulté de l'affaire" ("le difficile de...") ;

Lou tròu mi gounflo "l'abondance me lasse" ("le trop...") ;

Lou pas proun fa peta la castagno "le manque provoque les révoltes" ("le pas assez fait éclater la châtaigne") ;

On emploie de même les adjectifs comme adverbes (cf. plus haut) : *mi l'acerto soulide* "il me l'affirme avec assurance".

Des verbes d'action au sens précis permettent d'exprimer ce que, en français (non méridional) par exemple, on signifierait par des noms ou locutions nominales plus abstraites : *si desparaula* "ne pas tenir sa parole", *s'acimela* "se percher sur une cime", *'lèu-lèu !', abrivè lou pastre* "vite !, accéléra le berger", *uno velo blanquejo* "une voile blanche est visible", *malautejo* "il est malade", *s'amatinavo au mestié* "il venait tôt le matin au travail". "Apparaitre" se dire par exemple *naseja, pouncheja, baneja, mourreja*, littéralement "montrer le nez, la pointe, la corne, le museau". "Survenir" se dira *s'encapa, si capita, si devina, si rescountra*, littéralement "prendre sur la tête, se réussir, se faire deviner, rencontrer".

On peut créer des désignations actives à partir de n'importe quel verbe d'action : *pouso-raco, viro-viro, picomouto, boufo-lume, pisso-sciènci, cago-estré, chucho-moust, manjo-quand-n'a, rougno-quartié* (littéralement "puise-renvoie, tourne-tourne, frappe-motte, souffle-lumière, pisse-science, chie-étroit, aspire-moût, mange-quand-il y en a, ronge-morceau"), signifient "noria, manège, paysan [péjoratif], obscurantiste, savant prétentieux, avare, alcoolique, miséreux, exploiteur".

b) On a vu que les noms de familles se mettent au féminin (pour désigner l'épouse), ou reçoivent des suffixes diminutifs (pour désigner les enfants) : *la Sicardo, lou Sicardoun, la Sicardouno* sont la femme, le fils et la fille de M. Sicard. A cela s'ajoute l'usage très fréquent de **diminutifs** pour les prénoms, notamment par suppression de la première syllabe et/ou ajout d'un suffixe : *Amelìo > Melìo/Melouno, Antòni > Tounin, Andriéu > Dèdou, Batisto > Titin/Tistet, Francés > Choua, Loueis > Loulo, Macèu > Cèlou, Marius > Mèhu, Oudeto > Deto, Ramoun > Moun,* etc. L'usage des diminutifs est également relativement fréquent pour les noms communs et adjectifs, sans connotation particulière. On dit *un auceloun* "un oiselet", *poulidet* "petit-joli", aussi "naturellement" que *aucèu, poulit* "oiseau, joli".

c) Le **rapport au contexte** concret est indiqué par exemple par l'emploi de l'article défini pour exprimer la possession non ambigu. On dira *Oublides lou capèu !*, "tu oublies le chapeau" pour signifier "... ton chapeau". Ce rapport est manifeste aussi dans l'implication des interlocuteurs.

d) L'**implication de la personne** est exprimée par une personnalisation des énoncés, grâce aux pronoms réfléchis et compléments. C'est notamment ce que les grammairiens nomment le "datif éthique". On a vu plus haut que de nombreux verbes provençaux sont réfléchis là où leurs équivalents français ne le sont pas (*si pensa, si cregne, si toumba...*). La liste en est longue et touche d'autres cas comparables : *s'apela* "porter plainte au tribunal", *si reveni* "reprendre conscience". On dira *t'óusservarai que...* "je t'observerai que..." pour "je te ferai observer que...", *es éu que m'a entamena* "c'est lui qui m'a entamé" pour "c'est lui qui a entamé cette conversation", etc. La même implication de celui qui parle ou de celui à qui l'on parle est impulsée par des tours comme *mi vai pas jita lei cebo* "il ne va pas me jeter les oignons", c'est-à-dire "il va jeter les oignons", ou *e ti vai jita lei cebo* "et il va te jeter les oignons".

e) Les énoncés sont ponctués par des **interjections, onomatopées** et de nombreux mots de liaison (voir ci-dessus). On entendra fréquemment (même dans le français des Provençaux), des *zou, té, vé, mai, couquin, capoun, boudiéu, fan, ai* (prononcé "aïe"), *hòu, hèu*, les derniers servant à saluer qui l'on tutoie : *hòu, Jòrgi !* "Salut Georges !" (on répond simplement *hòu !*).

f) Les **répétitions** fréquentes ajoutent à l'expressivité des énoncés :
-*lèu-lèu, plan-plan, faire bèu-bèu, chilin-chilin, tristo tristo* signifient "très vite, très lentement, flatter, très incertain, très triste", sachant que chacun de ces mots peut être employé seul ;
-*fresco que fresco t'an baia lou mau, aquéli clauvisso*, littéralement "fraiches que fraiches, elles t'ont rendu malade, ces palourdes", c'est-à-dire "elles avaient beau être fraiches..." ;
-*espero qu'esperaras !*, littéralement "attends que tu attendras", c'est-à-dire "tu attendras longtemps".
On peut doubler les négations (ci-dessous).

g) Les **négations** sont utilisées pour attirer l'attention de l'interlocuteur. Ainsi une question interro-négative est une question où l'on est libre de répondre ce qu'on veut, et surtout 'oui' : *Vouas pas un pau t'asseta ?* "tu ne veux pas un peu t'assoir ?" (*un pau*, comme *un peu* en français régional, est une locution passe-partout servant à "familiariser" les propos). On se sert aussi de la négation comme accroche pour introduire une nouvelle ou un récit : *qu t'a pas di que...* littéralement "qui ne t'a pas dit que...", ou pour impliquer l'interlocuteur dans une désapprobation : *mi vai pas pinta lei cadiero !*, "et il ne va pas me peindre les chaise !".

Les doubles négations ne s'annulent pas, mais se renforcent : *n'a plus pas, v'a pas presta en degun* "il n'y en a plus du tout, il l'a prêté à personne".

h) Enfin, les trop célèbres **exagérations** des Provençaux ne sont pas qu'une légende. Il faut simplement bien en comprendre la valeur expressive et ne pas les prendre au pied de la lettre. Qu'il s'agisse d'expressions toutes faites ou proverbiales (*dorbi d'uei coumo de bocho* "ouvrir des yeux comme des boules -de pétanque-"), ou bien de création spontanées (*ai uno fam que manjariéu de sardino sènso dorbi la bouito* "j'ai une faim à manger des sardines sans ouvrir la boite"), elles sont l'une des caractéristiques des façons de dire provençales. Quand on trouve le temps long, on le grossit, quand on le trouve court, on le diminue, mais on ne signifie pas ainsi un temps exact, plutôt la sensation qu'on ressent.

Dans le même type d'expressivité entrent les innombrables **comparaisons**, elles aussi proverbiales (*malerous coumo un ai en gipiero* "malheureux comme un âne dans une plâtrière") ou spontanées (*nous a fa uno dicho longo coumo l'istòri dóu mounde* "il nous a fait un discours long comme l'histoire du monde").

Le provençal est langue d'images et de métaphores. Des ouvrages entiers ont été consacrés à relever ces images expressives typiques de la langue provençale (cf. proverbes et dictons ci-dessous, et bibliographie).

10. La vie des mots

Les origines du vocabulaire provençal

Le lexique provençal est majoritairement issu du **latin vulgaire** de la *Provincia romana*. Près de 75% des mots sont directement issus de ce latin, et, si l'on compte les mots empruntés à d'autres langues romanes (surtout italien et français) on atteint plus de 90%. Les langues préalablement parlées sur ce territoire, principalement "ligure", avec quelques influences celtiques, n'ont laissé que peu de traces.

On suppose que les noms de lieux en [sk] , à peu près uniquement attestés en Provence, Pays niçois, Ligurie et Piémont, et de façon plus concentrée dans les montagnes, sont d'origine **ligure** : *Artignosc, Flaiosc, Greasco, Lambesc, Manosco, Venasco*, etc. (en français Artignosc, Le Flayosc,

Gréasque, Lambesc, Manosque, Vénasque). Il en va de même avec les noms d'habitants en [sk], comme les charmantes *Brigasco, Mounegasco, Mentounasco, Tendasco...* (de la Brigue, de Monaco, de Menton, de Tende...).

Les influences **celtes** des populations celto-ligures, surtout présentes dans la vallée du Rhône, ont laissé quelques noms de lieux et quelques mots. Les noms de villages celto-latins en *-acum*, si nombreux dans tous le reste de la France (où, selon les langues locales, ils ont abouti à un suffixe final en *-ac, -é, -y,* etc.), sont rares en Provence : *Rougna, Lavera, Coutigna* (en français Rognac, Lavéra, Cotignac). Quelques éléments du vocabulaire végétal, animal ou agricole sont aussi vraisemblablement d'origine celto-latine : *bès, verno, broundo, lauseto, vibre, rego, bano* "bouleau, aulne, brindille, alouette, castor, sillon, corne"), mais il n'est pas exclu qu'ils aient été empruntés à des parlers plus à l'ouest ou plus au nord (sud du massif central, vallée du Rhône, Alpes, zones plus celtisées).

La présence grecque sur la côte, qui a précédé la vague latine, a par contre laissé un vocabulaire **grec** plus important, notamment -mais pas uniquement- dans le domaine de la mer : *broumeja, cadaulo, cado, gànchou, gàngui, gip, pantai, teinico, tian...* "appâter, loquet, chaque, hameçon/harpon/crochet, filet de pêche, plâtre, rêve, technique, plat en terre cuite...". D'autres mots d'origine grecque sont revenus par des emprunts à l'italien (*chourmo, quitarro* "équipe, guitare") ou au français (*machino, geoumetrìo* "machine, géométrie").

Comme dans la plupart des langues romanes, les invasions **germaniques** du Moyen-âge ont laissé des mots, mais évidemment beaucoup moins qu'en français ou qu'en wallon, et sans influence grammaticale : *agasso, bandi, basti, blanco, esquino, estampa, gacho, ganivo, targo, touaio...* "pie, lancer, construire, blanche, dos, imprimer, guet, coutelas, joute, nappe...". Les emprunts récents à des langues germaniques (néerlandais, allemand, anglais...) sont rares *balouard* "boulevard", *drole* "garçon", *foutobalo* (mais on dit plutôt *baloun*), *vagoun* "wagon", et souvent passés par l'Italie (*bistèco, estocafisso* "beafsteak, stockfish") ou le français (*bloujin* "blue jean", *zapa* "zapper").

La proximité géographique, historique, linguistique et culturelle de l'Italie a produit de nombreux échanges entre provençal, niçois, gênois, piémontais, napolitain, sicilien, vénitien, **italien**... auxquels on ajoutera le corse : *adòssou, ameina, calissoun, chama, chau, chiapacan, facho/facho* *d'ente, gàtsou, musicànti, poulento, sànti-bèlli, vermichèli...*" "babord, amener (la voile), 'calisson', héler, 'ciao', vagabond, visage (dans les jurons, dont *facho d'ente* imitant le juron italien *accidente*), sexe de l'homme, musicien amateur, 'polenta', personne apathique, vermicelle...". A l'inverse, le provençal a offert des mots comme *gnocchi, picciotu* à l'italien, au sicilien, etc. Un nombre significatif de mots est constitué de formes similaires en provençal, en niçois, en gênois, en piémontais, voire en italien ou en napolitain (*ana, bàbi, canta, chìcou, ferramento, plan-plan*, etc. "aller, crapaud, chanter, un peu, ferrure, lentement, etc."). Il a même existé en Provence orientale des villages à forte population gênoise où un parler métissé provençalo-gênois a été parlé jusqu'au début de notre siècle, avant d'être remplacé par du provençal, puis aussi du français (Mons, Escragnolles...).

L'**arabe** a apporté, au Moyen-âge, un lexique important aux langues européennes, notamment romanes, de façon plus forte au sud qu'au nord. On en trouve ainsi davantage en castillan ou en sicilien qu'en provençal, davantage aussi en provençal qu'en français. Les contacts avec l'arabe ont été nombreux à travers la Méditerranée. Il ne faut pas oublier que les Provençaux se sont alliés avec leurs voisins Arabes d'Espagne, contre les Francs, au IXe siècle, ce qui leur vaudra les redoutables expéditions punitives d'un certain Charles Martel. Jusqu'au XIXe, les marins de divers pays communiquaient en Méditerranée grâce au *sabir*, mélange d'arabe, de turc, d'espagnol, d'italien et de provençal. Nous devons donc à l'arabe (et parfois à travers lui au persan) tout un vocabulaire technique et scientifique : *argèbro, armana, azur, carfata, chifro* (f.)*, malu, quitran, zèro* "algèbre, almanach, bleu azur, calfater, chiffre, articulation osseuse, goudron, zéro". Cela touche également le vocabulaire agricole et alimentaire : *aubricot/ambricot, cachofle, damo-jano, merinjano, safran...* "abricot, artichaut, bonbonne, aubergine, safran" ou autre : *asard, basareto* "hasard, bavard(e)". Certains mots sont passés par le provençal avant de passer en français. C'est le cas de *orange*, venant de l'arabe *narandja*, passé par le provençal *arange* et probablement rapproché en français du nom de la ville d'Orange.

Le **français**, enfin, du fait de ses contacts avec le provençal, permanents depuis le Moyen-âge et conflictuels depuis le XVIe siècle a simultanément beaucoup emprunté et donné au provençal. Au Moyen-âge, le prestige de la Provence, à la fois terre latine et terre de nombreux troubadours, dont la langue est globalement appelée "provençal", lance un processus d'emprunts nombreux par le français (*abeille, abri, ballade, bonace, canton, cigale, congre, daurade, esquinter, figue, nougat, ratatouille, resquiller, thon, viguier...* et même selon certains *amour* !). Plusieurs centaines de mots français sont d'origine provençale. A cela s'ajoute plus d'un millier de mots provençaux du français régional de Provence, dont certains passent progressivement en français commun ou argotique (*castagne, comaco, couillonnade, fada, marida, pastis, pétanque, pétasse, pinède, nervi, se radasser, qu'es aco, santon, tronche de quèque...*). La situation de domination exclusive et d'officialisation du français, qui est allée croissante du XVIe siècle à nos jours, puis le bilinguisme massif des Provençaux, ont produit inversement une forte pression sur le vocabulaire provençal. Le lexique des domaines administratifs (*ficho, poumpié, verbau*), scolaire (*creioun, elèvo, essitutour*), religieux (*egliso, precha*), militaire (*bataioun, counvoua*), politique (*eleicien, deputa*), scientifique et technologique (*autourouto, fisioulougìo, ourdinatour*), a été pour partie emprunté au français. Certains mots de la vie quotidienne, eux-aussi, viennent du français (*pèro, mèro, entrepriso, fichu* "châle", *usino*), surtout parce qu'au XIXe et début XXe, le français était perçu comme "supérieur" au provençal (cf. formes de politesse ci-dessous) et était à la mode. Au total, probablement 20% environ du vocabulaire provençal contemporain est d'origine française, ce qui constitue la source principale d'emprunts, loin devant l'italien (environ 5%) et les autres langues, qui atteignent rarement 1%[1].

La place relative des francismes

Mais il faut relativiser ce chiffre apparemment élevé. D'une part parce que toute langue emprunte, et ceci d'autant plus en situation de bilinguisme ou de colinguisme sur une longue durée (voir, en sens inverse, la provençalisation du français). D'autre part parce qu'une partie des emprunts est très ancienne (*lapin, meme, voulur*) et que la plupart de ce lexique, bien intégré aux structures de la langue, représente des mots spéciaux, d'usage peu fréquent, non pas le

---

[1] Ces chiffres et ceux qui suivent sont établis à partir de la langue de divers auteurs provençaux du XIXe siècle (cf. mon ouvrage *Le provençal...* p. 159-175) et de divers lexiques de base et dictionnaires récemment publiés.

vocabulaire usuel de la vie quotidienne. Il n'y a environ que 4 ou 5% de francismes intégrés dans les mille mots les plus fréquents du provençal usuel des locuteurs natifs (c'est le cas dans le lexique ci-après, 3e partie), et encore leur équivalent provençal est-il régulièrement bien vivant à côté. En effet, les emprunts au français, au lieu d'éliminer totalement d'éventuels mots provençaux concurrents, ont souvent été intégrés par des **partages des sens**. L'emploi du mot provençal est alors spécialisé sur une partie seulement de son vaste champ sémantique d'origine, le mot venu du français reprenant l'autre partie du champ à son compte. Dans la liste d'exemples qui suit, le deuxième mot de chaque paire, séparée par /, est celui d'origine française : *aubre* "mât" / *arbre* "arbre", *cros* "tombeau" / *crus* "creux", *dusso* "petit conduit" / *tuièu* "tuyau", *isclo* "petite ile sur une rivière" / *ilo* "ile en mer", *paire* "mâle (animal)" / *pèro* "père (humain)", *tron* "juron" / *tounèro* "tonnerre", *viàgi* "chargement" / *vouiàgi* "voyage", etc. Cela dit, les emprunts ne sont pas tous les mêmes selon les zones et de nombreux provençalophones continuent à dire *aubre, paire, viàgi* pour "arbre, père, voyage". De même, ce phénomène de partage de sens, qui fait des emprunts un enrichissement utile de la langue, n'a pas toujours lieu. Plus rarement, des synonymes co-existent : *predica* ou *presica* / *precha*, *radassié* /*canapè*, *trufo* / *poumode-terro*, *veituro* / *vouaturo*, *raubaire* / *voulur*, etc.

L'un des cas les plus frappants des résultats lexicaux et sociolinguistiques de la domination du français est celui des **termes d'adresse et de politesse**. D'une manière générale, il n'est pas "poli", on l'a dit, de s'adresser *directement* à un *inconnu* en provençal. Ce serait signe d'une familiarité déplacée, voire de mépris. L'emploi du français est, chez les bilingues, une marque de respect. Traditionnellement, en provençal, on ne dit pas "oui" et "non" de la même façon à ceux qu'on tutoie et à ceux qu'on vouvoie. On dit *o* ou *vo* et *noun*, mots d'origine provençale lorsqu'on tutoie, et *ouei* ou *vouei* et *nàni*, mots empruntés au français, à ceux à qui l'on montre politesse et respect, marque du rapport des classes dominées -qui devaient s'adresser en français autant que possible- aux classes dirigeantes (dont le français était devenu le signe d'appartenance et de distinction d'avec le peuple à partir des XVIe et XVIIe siècles). Si cette distinction est en voie de disparition, il en reste que *vo, noun* ont, par contre-norme, un sens plus fort que *vouei, nàni*. Pour d'autres mots de fonction sociale similaire comme "s'il vous plait" et "merci", les Provençaux ont de même substitué les mots français aux mots locaux. L'ancien provençal *mercés, mercejar* "merci, remercier" a été très tôt remplacé par des formes issues du "merci" français (*merci, marci, gramaci* et *remarcia, gramacia*). De la même façon, "s'il vous plait" se dit surtout *se vous plais*, locution dont les composantes sont provençales mais la combinaison sous influence du français. Il existe également une forme directement empruntée au français, *siouplè*, plutôt exclamative et emphatique. En provençal comme en français régional, on continue à saluer ou interpeller uniquement les gens que l'on *tutoie* d'une façon typiquement provençale, par l'interjection diphtonguée *hòu*.

Enfin, dernier exemple, "madame" et "monsieur" se disent *madamo, moussu*, emprunts anciens au français, et non *dono, segne*, qui continueraient l'ancien provençal. L'usage de *mèstre* "maitre" pour "monsieur" en s'adressant à des interlocuteurs hommes de niveau social "moyen" (cf. *Maitre Panisse* chez Pagnol ou *Maitre Cornille* chez Daudet), a régressé mais reste vivant.

Il faut distinguer francismes lexicaux et francisation de la syntaxe. Les locuteurs "naturels" ont un provençal où des emprunts au français, souvent provençalisés au point qu'on les identifie difficilement, ne sont ni mal perçus ni évités, d'autant que ces personnes sont pour l'immense majorité bilingues et qu'elles pratiquent également des alternances de langues (voir ci-dessous). Leur langue reste profondément provençale. En revanche, certains locuteurs "volontaires", qui ont appris la langue dans des cours et des livres, qui sont souvent des jeunes militants issus de zones urbaines où ils n'ont pas ou peu entendu de provençal usuel, font volontiers la chasse aux francismes avec l'idée de rendre une dignité au provençal en le "purifiant". Mais les structures syntaxiques et les façons de dire sont alors souvent et fortement francisées. Cela touche la langue plus en profondeur et les locuteurs "naturels" le remarquent aussitôt de façon négative[1]. Que

---

[1] De bons exemples de ces réactions mitigées dans J.-C. Bouvier et C. Martel, "Pratiques et représentations de la langue d'Oc en Provence : le 'vrai provençal' et les autres...", in *Actes du Ve congrès international de l'AIEO*, Pau, AIEO, 1998, p. 701-714. Il ne s'agit pas de condamner par "purisme" les efforts d'apprentissage et pratique des volontaires et militants, mais seulement de montrer quels sont les différents effets linguistiques et sociaux des francismes. Notons, en outre, que ce provençal

certains pratiquent de fait un français régional, c'est-à-dire provençalisé, permet une meilleure maitrise du provençal, au moins au niveau de la prononciation. Le même phénomène est attesté pour d'autres langues régionales, par exemple avec le "néo-breton"[1].

Enfin, comme tous les bilingues, les provençalophones actuels réalisent des **va-et-vient** entre leurs deux langues principales (ou leurs *trois* langues, car nombre d'entre eux sont issus de l'immigration italienne des années 1920-1940[2]). Cela se manifeste, au delà des emprunts mutuels, par des *alternances* de langues (passage d'une langue à l'autre au cours d'une même conversation ou d'un même énoncé) ou des *mixages* de langues (emprunt ponctuel adapté à l'autre langue au cours d'une même conversation ou d'un même énoncé). Il ne s'agit pas d'une "confusion" causée par une quelconque "incapacité" à parler l'une ou l'autre langue "purement". C'est un fonctionnement normal, bien étudié chez les bilingues, qui permet des ressources expressives plus fines et plus riches.

Et puis le provençal fournit encore des ressources pour la création de néologismes, y compris technologiques. Des locuteurs inventent spontanément *lou pego-soulet* pour "l'auto-collant" (littéralement le colle-tout-seul"), *lou mounto-davalo* pour "l'ascenseur" (littéralement le "monte-descend"), *lou coumputaire* pour "l'ordinateur" (à partir de l'anglais *computer*), *lou barrulaire* pour le "portable" (littéralement le "voyageur"), etc. C'est au provençal que l'équipe Cousteau, basée à Marseille et Monaco, a fait appel pour nommer une technique d'approche des mammifères marins : *lou virasèu*.

Un vocabulaire riche et adapté

Nous avons vu, dans "façons de dire" notamment, que les caractéristiques de la langue répondent bien aux

---

francisé aujourd'hui diffusé par certains médias prestigieux (TV, etc.), finit par perturber la conscience linguistique des locuteurs authentiques et par dévaloriser, chez certains, le provençal dialectal spontané, bien qu'il reste considéré avec ironie par la grande majorité des Provençaux.

[1] Cf. J. Le Dû, "La langue bretonne aujourd'hui" dans Blanchet, Breton et Schiffman, *Les langues régionales de France : un état des lieux à la veille du XXIe siècle*, Louvain, Peeters, à paraitre.

[2] Cela a été bien étudié, par exemple, dans la thèse de Pierre Pasquini sur le village de Noves, près d'Avignon.

modalités expressives de la communication provençale, et vice-versa. Au point que les Provençaux ont dû provençaliser le français quand ils se le sont appropriés, surtout pour répondre à leurs besoins de communication, c'est-à-dire pour pouvoir faire référence, à leur manière, à leur environnement et à leur vie socio-culturelle (mais aussi pour assurer la permanence de leur identité culturelle). C'est du reste dans le domaine du milieu naturel méditerranéen et de la vie culturelle méridionale que le français commun a principalement emprunté au provençal (noms d'aliments, de poissons, de plantes, de reliefs, etc.).

Langue expressive, concrète, imagée, le provençal est **l'instrument d'une littérature** constituée en grande majorité de poésie, puis de théâtre. La prose n'arrive qu'en troisième position. Cela s'explique, outre des raisons socio-historiques liées au statut de langue orale dominée, par cette spécificité socio-culturelle de l'expressivité provençale. On peut en observer les effets par exemple chez Frédéric Mistral. La quasi totalité de son œuvre, celle pour laquelle il est passé à la postérité avec son Prix Nobel, est poétique. Cette production poétique possède deux caractéristiques majeures :
-1) dans l'ensemble une langue simple, au vocabulaire accessible ;
-2) un vocabulaire d'une extraordinaire richesse, puisqu'il atteint 14. 500 termes différents (à comparer avec les 1500 de Corneille), employés davantage dans *Mirèio*, poème épique de jeunesse en douze chants, ou dans *Calendau*, poème épique d'accès difficile, moins dans *Nerto*, nouvelle rimée à la lecture aisée, ou dans *La Rèino Jano*, pièce de théâtre en vers[1].

L'expression des sentiments par des images pudiques, claires et nuancées, est l'une des caractéristiques familières de cette langue de poètes.

On peut aussi se faire une idée de la richesse et de l'adaptation culturelle du vocabulaire provençal à travers deux exemples concrets : les **noms des poissons** de Méditerranée et autres animaux marins, les courses camargaises, domaines sémantiques liés à deux zones géographiques différentes (côte rocheuse et basse vallée du

---

[1] Cf. J.-C. Rivière, *Sens et poésie, étude lexicale de l'œuvre poétique de Frédéric Mistral*, Nantes, CID, 1985, 2. vol. p. 20.

Rhône) ainsi qu'à deux activités culturelles typiques (pêche/alimentation ; courses de taureaux). Une enquête auprès de pêcheurs de la région toulonnaise a permis de relever plus de 130 désignations très précises de poissons, coquillages, crustacés et algues nourricières, tous comestibles[1]. On imagine l'étalage de poissonnier que cela ferait et la perplexité des acheteurs pour faire un choix ! On y observe par exemple quelques distinctions subtiles pour des poissons apparemment identiques à l'œil du profane, tels que *moustello de roco* "phycis méditerranéen" et *moustello de founs* "phycis blénnioïde" (qui vit sur les grands fonds), *roucau* ou *rouquié* "crenilabus tinca" / *lucrèço* (même poisson ayant pris une couleur bleutée à la saison de la reproduction), *rascasso* "scorpaena porcus" / *gardo-escuei* "scorpaena ustula" (petite rascasse plus rouge)... Beaucoup de ces poissons n'ont pas de nom en français "commun" car ils n'existent qu'en Méditerranée et sur les côtes rocheuses provençales. Ils ont par conséquent en français un nom régional qui consiste souvent en une légère francisation du nom provençal : *rascasse, roucaou, lucrèce, girelle, sarg, pageau*...

Enfin, certains poissons connus en français sur les côtes de l'Atlantique ou de la Manche portent un nom local différent, souvent d'origine provençale. Cela permet de les distinguer, car les espèces méditerranéennes (les meilleures, bien sûr !) ne sont pas exactement identiques à celles "du Nord" (au sens provençal du mot, comprenant Bordeaux, Nantes ou Le Havre). Ainsi, on dira *merlan* plutôt que "merlus" (la *merlusso*, c'est la "morue"), *galinette* plutôt que "rouget-grondin" (la galinette a des rayures dorées et regroupe aussi les *belugo, gournau* et *petaire*, sous-espèces légèrement différentes), *araignée* plutôt que "vive" (du provençal *aragno*, l'araignée de mer s'appelle *esquinado*), *baudroie* plutôt que "lotte", *muge* plutôt que "mulet", *loup* plutôt que "bar", etc. On comprend la colère ironique des Provençaux depuis qu'une loi parisienne de 1994 impose l'affichage aux étalages selon le nom en "français commun", c'est-à-dire pour beaucoup non provençal !

---

[1] "Les poissons du pays de Provence", dans *La bouillabaisse à travers les âges*, Hyères, Fondation Cooper, 1982, p. 85-94.

Le vocabulaire de la **tauromachie** provençale a fait l'objet de nombreuses recensions[1]. Les jeux taurins se pratiquent en Provence exclusivement dans la basse vallée du Rhône, d'Avignon à la Camargue, dans le pays d'Arles, et débordent en Languedoc jusqu'à Nîmes et Lunel. Traditionnellement, on pratique les courses camargaises, où l'animal n'est ni blessé ni mis à mort (depuis le Moyen-âge et peut-être davantage). La corrida, venue d'Espagne, s'y est ajoutée à partir du milieu du XIXe siècle, mais elle reste perçue comme relativement "étrangère". Les courses camargaises sont au contraire perçues et affichées comme un véritable symbole de l'identité culturelle provençale, au point que toutes les tentatives du pouvoir central pour les interdire ou les restreindre ont toujours suscité des mobilisations de grande ampleur qui l'ont emporté, et que le militantisme provençaliste en a fait l'un de ses emblèmes. Le costume traditionnel et la langue provençale sont encore aujourd'hui associées aux courses de taureaux. Le vocabulaire de *la bouvine* est principalement composé de mots provençaux (*abrivado* "lancer des taureaux", *la fe di biòu* "l'amour des taureaux"), ou parfois languedociens (*bisco* "taureau aux cornes décalées"), francisés ou non (*bouvine* ou *bouvino* "tout ce qui a rapport aux taureaux"), de quelques mots de français "commun" ayant pris un sens spécifique (*carnassier* "taureau très puissant"), et de quelques mots espagnols en ce qui concerne plus particulièrement la corrida (*caballero* "toréro à cheval").

Deux chercheurs ont pu récemment établir un lexique d'environ 700 mots et expressions spécifiques de la tauromachie camargaise en précisant : *"Chaque mot, ou presque, renvoyant ici à une histoire, à des pratiques particulières et, plus encore, à un sentiment d'identité, nous avons essayé de dégager pour le mieux les connotations dont ce vocabulaire fut ou est encore porteur à côté de sa fonction dénotative (...) A travers l'ensemble des mots et*

---

[1] En plus des dictionnaires provençaux, on trouve par exemple les publications spécifiques suivantes : M. Bonnet, "De mot pèr la bouvino", série d'articles publiés dans les années 1980 dans la revue *Lou Prouvençau à l'Escolo*, Marseille, et réunis en un volume en 1990 ; P. Casanova et P. Dupuy, *Dictionnaire tauromachique*, Marseille, Laffite ; M. Courty, "Pichot leissique de la Bouvino", série d'articles récemment publiés dans la revue *Camariguo* du n° 24 au 32.

expressions retenus c'est d'une culture qu'il s'agit, c'est une culture qui se reflète..."[1].

La langue et la culture de la tauromachie camargaise font partie du lexique plus général de la vie camargaise, comprenant les chevaux camargues (que les *gardians* élèvent en *manades* semi-sauvages comme les taureaux), une flore particulière, etc.

Proverbes et dictons sur la langue et la parole

Les initiales (TL) signifient "traduction littérale" et (FC) "sens en français commun".

-*Fai marcha la fueio de baguié* : il fait fonctionner la feuille de laurier (TL) : il parle beaucoup (FC) [la feuille de laurier représente la langue].

-*La lengo li vai coumo lou batarèu d'un moulin* : la langue lui va comme le traquet d'un moulin (TL) : c'est un beau parleur (FC).

-*A coumo lou tambour de Cassis, un sòu pèr coumença e dès pèr l'arresta* : il est comme le joueur de tambour de Cassis, un sou pour le faire commencer et dix pour l'arrêter (TL) : il est très bavard (FC).

-*Barjo coumo un enclùmi* : il parle comme une enclume (TL) : il parle tout le temps (FC).

-*Avans de parla, si fòu teisa* : avant de parler, il faut se taire (TL) : il faut réfléchir avant de parler (FC).

-*Qu parlo pas parlo tròu* : qui ne parle pas parle trop (TL) : ne pas parler en dit plus qu'on ne souhaite (FC).

-*Ni parlo ni siblo* : ni il parle ni il siffle (TL) : c'est un individu grossier (qui ne daigne pas parler aux autres) (FC).

-*Dis que viro quand danso* : il dit qu'il tourne quand il danse (TL) : il parle pour ne rien dire (FC).

-*Qu lengo a, à Roumo va* : qui langue a, à Rome va (TL) : en parlant on peut se débrouiller en toute circonstance (FC).

-*Qu pinto vènde* : qui peint vend (TL) : un discours imagé est toujours convaincant (FC).

-*Parlo que pinto* : il parle qu'il peint (TL) : il a un parler très imagé (FC).

---

[1] C. Martel et J.-N. Pellen, "Le langage de la bouvine" (88 p.), dans *L'homme et le taureau en Provence et Languedoc*, Grenoble, Glénat, 1990, 420 p., ici 2e partie, p. 3.

-*Sias mai liga pèr uno paraulo que pèr uno gumo* : on est davantage lié par une parole que par un cable d'ancre (FC) : une parole est un serment indestructible (FC).

-*Bouon e marrit coumo la lengo* : bon et mauvais comme la langue (TL) [avec laquelle on peut faire du bien ou du mal].

-*De bèn parla fai pas mau à la lengo* : de bien parler ne fait pas mal à la langue (TL) : dire des bonnes choses est toujours un plaisir (FC).

-*Parlo clar coumo d'aigo* : il parle clair comme de l'eau (TL) : il s'exprime clairement et honnêtement (FC).

-*La verita a coumo l'òli, es sèmpre dessus* : la vérité c'est comme l'huile, toujours dessus (TL) : la vérité finit toujours par être dite (FC).

-*Lengo de puto* : langue de pute (TL) : personne qui dit des méchancetés (FC).

-*A cado còup que vèn d'uno verita li toumbo un uei* : chaque fois qu'il dit la vérité, il perd un œil (TL) : c'est un menteur invétéré (FC).

-*Li metre ni sau ni òli* : n'y mettre ni sel ni huile (TL) : parler crûment (FC).

-*Rena coumo un poudaire* : jurer comme un tailleur de vigne (TL) : jurer vertement (FC).

-*Coumènço de parla francés* : il commence à parler français (TL) : il est un peu saoûl (FC).

-*Vòu parla prouvençau, mai lou gavouot l'escapo* : il veut parler provençal mais le "gavot" lui échappe (TL) : il veut parler en bon provençal mais son parler montagnard lui revient sans cesse (FC).

-*Ansin responde lou Martegau "siéu pas fouert pèr lou francés, mai digo-li que vèngue pèr lou prouvençau!"* : ainsi répond celui de Martigues "je ne suis pas fort en français, mais dis leur de se mesurer à moi en provençal" (TL) : [les habitants de Martigues, près de Marseille, sont en provençal le stéréotype du "couillon" -comme les Belges en français- et ce dicton rappelle que qui peut avoir l'air nigaud en français -donc vu de l'extérieur- peut se révéler très intelligent et très à l'aise en provençal -vu de l'intérieur].

Mots trompeurs et "faux-amis"

La relative proximité entre ces deux langues romanes que sont le provençal et le français, même si le provençal rappelle davantage le gênois, le catalan ou l'italien, fait qu'une partie des vocabulaires des deux langues se ressemble. On pourra avoir alors l'impression parfois vraie mais souvent fausse que ces mots apparentés signifient la même chose, et que si l'on connait le mot en français, on peut en deviner automatiquement le sens en provençal. Ceux qui sont trompeurs sont appelés par les traducteurs des "faux-amis", car leur apparente familiarité est un leurre...

En voici quelques exemples :

ai "âne" et non "ail"
arret "filet" et non "arrêt"
blaga "bavarder" et non "plaisanter"
bouchoun "petite boule" et non "bouchon"[1]
cadèu "chiot" et non "cadet"
carriero "rue" et non "carrière"
chino "chienne" et non "Chine"
croto "cave" et non "crotte" ou "grotte"
dina "manger à midi" et non "manger le soir"
dre(cho) "debout" et non "droit(e)"
dreissa "mettre debout" et non "dresser"
drole "garçon" et non "drôle"
enfant "fils" et non "enfant"
fatiga(do) "mourant(e)" et non "fatigué(e)"
galant(o) "charmant(e)" et non "galant(e)"
ile "lis" et non "ile"
lèst(o) "prêt(e)" et non "leste"
leva "ôter" et non "lever"
mena "conduire" et non "mener"
móussi "garçonnet" et non "mousse" (emprunt au provençal)
nivo "nuage" et non "niveau"
pilo "évier" et non "pile"
pitre "poitrine" et non "clown"
poutagié "rebord d'un réchaud ou d'un évier" et non "potager"
quant "combien" et non "quand"
resquiha "glisser" et non "resquiller" (emprunt au provençal)
souna "appeler" et non "sonner"
talounado "plaisanterie" et non "talonnade"
trufo "pomme de terre" et non "truffe"
tubo "ça fume" et non "tube"
vano "couverture" et non "vanne"
etc.

---

[1] D'où le mot *bouchon* désignant le "cochonnet" du jeu de boules en français de Provence.

Les mots-trompeurs et faux-amis ont été particulièrement négligés lors de la francisation des **noms de lieux** au cours des XIXe et XXe siècles. Les noms de personnes, francisés plus progressivement depuis le XVIe siècle, ont donné lieu à moins de transformations grotesques, si ce n'est dans la prononciation (du type *Baile* prononcé "baïlé", francisé en *"Bayle"* prononcé "bèle"). La plupart des enquêteurs qui dressaient le cadastre français venaient de la région parisienne et ignoraient les langues des régions où ils étaient envoyés. L'administration centrale s'en souciait peu, considérant les langues régionales comme des "patois" grossiers qu'ils fallait exterminer pour y substituer le français. Les autochtones ne parlaient pas français pour la plupart et, de toutes façons, exceptés les éléments majeurs (villes, gros villages, quelques fleuves et grandes montagnes), les lieux n'avaient pas de nom à forme française ou francisée. Ainsi, les enquêteurs recevaient-ils des réponses en provençal (comme ailleurs en breton, en picard, en gascon...) qu'ils interprétaient en les rapprochant de mots français connus et/ou dont ils ne voyaient pas la cohérence.

La carte actuelle de la Provence, qui fourmille de noms ayant à l'origine un sens en provençal, est par conséquent couvertes de formes qui vont de l'incompréhensible à la déformation grossière en passant par des adaptations discutables. Dans presque tous les cas, les noms propres des lieux et des personnes de Provence ne sont pas les noms véritablement provençaux, mais des formes autoritairement et plus ou moins bien traduites ou francisées.

On trouve par exemple de nombreuses *baumo* "grottes" orthographiées *baume* ou *beaume*. Des *bau(s)* "falaises" orthographiés *Baus, Beau, Baux, Baou*, les cas les plus risibles étant par exemple *Beaucours* pour *baus court* "falaise courte", dans un endroit où il n'y a aucun "cours". A Toulon, *lou baus dei quatre auro* "la falaise des quatre vents" est devenue *le Beau de quatre heures* ! A Aix, *lou Mount Ventùri* "le Mont des Vents" (comme *Lou Ventour* "Le Ventoux") est devenue *la Sainte Victoire* ("victoire" se dit *vitòri* et non *ventùri* en provençal). Les sommets protubérants des montagnes s'appellent en provençal des *Pieloun* et ont été francisés en *Pilons*... dont on voit mal ce qu'ils feraient au sommet d'une montagne. A Marseille, le quartier des *croto*, des "caves", est devenu... *les crottes*. Quant aux *colles* qui parsèment les cartes, ce sont des *colo*, des "collines". Entre Marseille et Aix, *lou pas de l'encié*, "le passage du défilé" est devenu *le Pas des Lanciers*. A La Ciotat ("la ville", en provençal), *lou Ca(p) Naio*, "le Cap Naille" est devenu *La Canaille"* puis *le Cap Canaille*... Le comble est atteint quand on voit *le Vallat* "le ruisseau" pour nommer... un ruisseau, ou, pour une colline, *Sabipa* qui signifie... "je ne sais pas", ou encore *la montée de la Calade* qui signifie "la montée de la descente" ! Il n'est pas une commune de Provence où ces noms provençaux incompris ou mal compris ne soient légion.

On sait que ce genre de méprise et de mépris est hélas fort répandu sur Terre. Le mot *kangourou* signifie "je ne comprends pas" dans la langue de l'aborigène d'Australie auquel les premiers colons britanniques ont demandé le nom de cet étrange animal. Et la région mexicaine du Yucatan doit son nom à la réponse des premiers Mayas rencontrés par les envahisseurs espagnols qui leur demandaient le nom du pays... et auxquels ils répondirent dans leur langue "je ne comprends pas votre langage"...

Comme quoi, s'intéresser aux langues, quelles qu'elles soient, c'est manifester du respect pour les peuples et les personnes. Comme quoi, connaitre la langue de son pays permet d'en lire le paysage, l'habitat, l'histoire, de structurer son espace de vie.

C'est donc une grande et belle aventure.

Troisième partie :

Lexique de base français-provençal et provençal-français

Ce lexique bilingue d'environ mille mots de chaque langue est indicatif. Il est constitué sur deux bases. Il s'agit d'une part des mots les plus fréquents en français usuel et en provençal usuel selon diverses études statistiques. On y trouvera d'autre part les mots employés dans les dialogues provençaux A à J du chapitre 6, ainsi qu'un certain nombre d'éléments de vocabulaire liés à la culture provençale.

Les formes masculines et féminines, lorsqu'il y a lieu, sont séparées par une barre oblique : /. Pour le provençal, les lettres qui ne se prononcent pas ont été mises entre parenthèses. Les caractéristiques grammaticales fondamentales des mots provençaux ou français correspondants n'ont été signalées, entre crochets, que lorsque qu'elles diffèrent entre les deux langues (par exemple, le genre d'un mot et celui de sa traduction). Des précisions sur le sens sont parfois données entre parenthèses pour éviter des ambigüités manifestes.

Enfin, le lecteur voudra bien garder à l'esprit que le lexique et le sens sont toujours relatifs aux usages en contextes grammaticaux et communicationnels.

Lexique *provençal*-français / Lexique français-*provençal*

à , à
a(n)nado, année
a(n)niversàri, anniversaire
àbi, costume
abiha, habiller
abiho, abeille
abriéu, avril
acò de, chez
acò, ça
aculi, acueillir
adessias !, salut ! (= au revoir)
adiéu !, salut ! (= bonjour)
adobo, daube
adoun(c), donc

à, *à, de*
abeille, *abiho*
abimer, *escagassa*
abri, *sousto [f]*
accident, *auvàri*
acheter, *croumpa*
acueillir, *aculi*
Afrique, *Africo*
agneau, *agnèu*
agriculteur, *païsan*
aider, *ajuda*
ail, *aie(t)*
aimer, *eima*
aîné(e), *eina(t)/-do*

Africo, Afrique
aganta, attraper
agnèu, agneau
agrada, plaire
agué, avoir
ai, âne
aie(t), ail
aigo, eau
ajuda, aider
alesti, préparer
alor , alors
amelié, amandier
amelo, amande
ami/amigo, ami/amie
amountagnàgi [m], transhumance
amour, amour
ana, aller
anóunci [m], annonce
aprè(s), après
aprè(s)-dina [m], après-midi
aprene, aprèndre, apprendre
aquelo tubo !, ça alors !
aquéu/aquelo, celui/celle
aqui, là
ar(c)-de-sedo, arc-en-ciel
araire, charrue
aràngi , orange (fruit)
aranja/aranjado, orange (couleur)
argèn(t), argènt
armàri [m], armoire
aro , maintenant
arrapèdo, bernique
arre(t), filet
arresta, arrêter
àrri [m], erreur (grosse)
arriva, arriver
artèu, orteil
assaja, essayer
asseta, assoir
ataié, atelier
atrenca, équipé
au revèire, au revoir
au travès, travers (à)
Au(p), Alpes
au(t)/-to, haut/-e

Aix, *z'Ai(s)*
algue, *augo*
allée, *lèio*
aller, *ana*
allez !, *zou !*
alors que, *mentre que*
alors, *alor, puei*
Alpes, *Au(p)*
amande, *amelo, amendo*
amandier, *amelié, amendié*
ami/amie, *ami/amigo*
amour, *amour*
ancêtre, *àvi*
âne, *ai*
année, *a(n)nado*
anniversaire, *a(n)niversàri*
annonce, *anóunci [m]*
août, *avous(t), aou(st)*
appareil, *besougno [f]*
appeler, *souna*
apprendre, *aprene, aprèndre*
après, *aprè(s)*
après-midi, *aprè(s)-dina [m]*
arbre, *aubre*
arc-en-ciel, *ar(c)-de-sedo*
argent, *argèn(t), sòu*
armoire, *armàri [m]*
arracher, *derraba*
arriver, *arriva*
assoir, *asseta*
assiette, *sieto*
atelier, *ataié*
attendre, *espera*
attraper, *aganta*
au revoir, *au revèire*
aube, *aubo*
aubergine, *merinjano*
aujourd'hui, *encuei, vuei*
aussi, *tambèn*
automne, *autouno*
autoroute, *autorouto*
avancer, *avança*
avec, *emé*
averse, *raisso*
Avignon, *Avignoun*

aubo, aube
aubre, arbre
aucèu, oiseau
augo, algue
auriho, oreille
auro, brise
autorouto, autoroute
autouno, automne
auvàri, accident
auvi, entendre
avança, avancer
avé, avoir
àvi, ancêtre
Avignoun, Avignon
avous(t), août
balançaire, balançoire
balanço, balance
balèti, bal
baloun, ballon
banquié, banquier
bar-taba, bar-tabac
baragno, haie
barjaca, bavarder
barra, fermer
barrula, ballader (se)
basti, construire
bastidan, fermier
bastido, ferme (agricole)
batèsto, bagarre
batèu, bateau
batuso, batteuse
bau(s), falaise
baudufo, toupie
bello-maire, belle-mère
beloio, bijou
beloto, belotte
bèn, bien
benvengudo, bienvenue
benvoulènci, bienveillance
bescànti (de), travers (de)
besougno [f], appareil, machin
bèsti, bête
bèu tèm(s), beau temps
bèu-fiéu, gendre
bèu/bello, beau/belle

avoir, *avé, agué*
avril, *abriéu*
bagarre, *batèsto*
bal, *balèti*
balai, *escoubo [f]*
balance, *balanço*
balançoire, *balançaire*
balayer, *escouba*
ballader (se), *barrula*
ballon, *baloun*
bandit, *brigan(d)*
banquier, *banquié*
bar-tabac, *bar-taba*
bateau, *batèu*
batteuse, *batuso*
bavarder, *barjaca*
bazar (désordre), *pàti*
beau temps, *bèu tèm(s)*
beau/belle, *bèu/bello*
beaucoup, *fouaço*
bébé, *nistoun*
bêche, *luche(t), liche(t)*
belle-mère, *bello-maire*
belotte, *beloto*
benjamin, *cagani(s)*
bernique, *arrapèdo*
bête, *bèsti*
beurre, *buèrri*
bibliothèque, *biblioutèco*
bien, *bèn*
bienveillance, *benvoulènci*
bienvenue, *benvengudo*
bijou, *beloio*
bille, *biho*
bise, *poutoun [m]*
blanc/blanche, *blan(c)/blanco*
blé de Noël, *blad de Santo Barbo*
blé, *bla(d)*
bleu/bleue, *blu/bluio*
boire, *buoure*
bois (forêt), *bouas*
bol, *bolo [f]*
bon/bonne, *bouon/bouano*
bonbon, *sucrèu, bono*
bonjour, *bounjou*

biai(s) [m], façon
biblioutèco, bibliothèque
biho, bille
bla(d), blé
blad de Santo Barbo, blé de Noël
blan(c)/blanco, blanc/blanche
bloujin, jean
blu/bluio, bleu/bleue
bocho, boule (à jouer)
bolo [f], bol
bono [f], bonbon
bor(d) que, puisque
boto, botte
bouas, bois (arbre)
bouas, forêt
bouchié, boucher
bouchoun, but (pétanque)
bouco, bouche
boui-abaisso [m], bouillabaisse
boulega, bouger
boulengié, boulanger
boulenjarié, boulangerie
boulo, boule
bounjou, bonjour
bouon/bouano, bon/bonne
bouta, mettre
boutèu, mollet [n]
boutigo, magasin
boutiho, bouteille
bouto [f], tonneau
braieto [f pl], slip, short
braio [f pl], pantalon
brama, hurler
bras, bras
brave/-o, gentil/-le, important/-e
brigan(d), bandit
buèrri, beurre
buou, taureau, bœuf
buoure, boire
burèu, bureau
cabro, chèvre
cacalauvo, escargot
cadiero, chaise
cadun/-no, chacun/-e
caga, rater, "chier"

bonne santé!, *tenès-vous gaiard/-o* !
botte, *boto*
bouche, *bouco*
boucher, *bouchié*
boucher, *tapa*
bouger, *boulega*
bouillabaisse, *boui-abaisso [m]*
boulanger, *boulengié, fournié*
boulangerie, *boulenjarié*
boule (à jouer), *bocho, boulo*
boule, *boulo*
bouteille, *boutiho*
bras, *bras*
brebis, *fedo*
brise, *auro*
brume, *nèblo*
bureau, *burèu*
but (pétanque), *bouchoun*
ça alors !, *aquelo tubo* !
ça, *acò*
cache-cache (jouer à), *juga* [*eis escoundudo*
cadeau, *presèn(t)*
cahier, *caié*
calamar, *tóuteno [f]*
calcul, *carcu*
camarade, *coulègo [m f]*
Camargue, *Camargo*
camionnette, *camiouneto*
canapé, *radassié*
canicule, *calourasso*
carnaval, *carnava*
cartable, *saco*
carte, *carto*
casser, *peta*
casser, *roumpre, peta*
casserole, *oulo*
ceinture, *centuro, taiolo*
celui/celle, *aquéu/aquelo*
cent, *cèn(t)*
cerise, *cerieio*
chacun/-e, *cadun/-no*
chaise, *cadiero*
chambre, *chambro*
chamois, *chamous*

cago-nis cagani(s), benjamin
caié, cahier
caire, coin
calabrun, crépuscule
calanco, crique
Calèndo, Noël
calourasso, canicule
calu, miraud
Camargo, Camargue
cambajoun, jambon
camié, chemise
camin, chemin
camina, marcha, marcher
camiouneto, camionnette
Candeloua, Chandeleur
canta, chanter
capèu, chapeau
capita, réussir
car-saladié, charcutier
Caramentran, Mardi-Gras
carcu, calcul
carnava, carnaval
caro [f], visage
carreja, transporter
carreto, charrette
carriero, rue
carto, carte
castèu, château
cau(d)/-do, chaud(e)
causseto, chaussette
cauvo, chose
caviho, cheville
cèbo [f], oignon
cèn(t), cent
centuro, taiolo, ceinture
cerca, chercher (rechercher)
cerieio , cerise
cèu, ciel
cham(p), champ
chambro, chambre
chamous, chamois
charruio, charrue
chaspa, tâter
chau !, salut ! (= au revoir)
chausi, choisir

champ, *cham(p)*
Chandeleur, *Candeloua*
chanter, *canta*
chapeau, *capèu*
charcutier, *car-saladié*
charnue, *poupudo*
charrette, *carreto*
charrue, *charruio, araire [m]*
chasse-neige, *coucho-nèu*
château, *castèu*
chaud(e), *cau(d)/-do*
chauffeur, *menaire*
chaussette, *causseto*
chaussure de sport, *soulié d'espor(t)*
chemin, *camin*
chemise, *camié*
chercher (prendre), *querre*
chercher (rechercher), *cerca*
cheval, *chivau*
cheveu, *péu, chivu*
cheville, *caviho*
chèvre, *cabro*
chez, *acò de*
chien, *chin, can*
chiffre, *chifro [f]*
chocolat, *chicoula(t)*
choisir, *chausi*
chose, *cauvo*
ciel, *ciele, cèu*
cigale, *cigalo*
cinéma, *cinema*
cinq , *cin(q)*
cinquante, *cinquanto*
clé, *clau*
client, *clièn(t)*
clientèle, *pratico*
clignoter, *parpeleja*
clôture (barrière), *cledo*
coiffer, *couifa*
coiffeuse, *couifuso*
coin, *caire*
col, *còu*
collant, bas, *debas*
colline, *coualo*
combien, *quan(t)*

- 129 -

chavano [f], orage
chicoula(t), chocolat
chifro [f], chiffre
chin, chien
chivau, cheval
ciele, ciel
cigalo, cigale
cimo, sommet
cin(q), cinq
cinema, cinéma
cinquanto, cinquante
ciprés, cyprès
clau, clé
cledo, clôture (barrière)
clièn(t), client
còdou, galet
contro-vèn(t), volet
Corso, Corse [f]
Còrsou, corse [m]
còu(p), coup, fois
còu, col
couale, cou
coualo, colline
couardo, corde
couasto, côte (=montée)
coucha, coucher
coucha, faire partir
coucho-nèu, chasse-neige
coufin, panier
cougourdeto, courgette
couide, coude
couièti, imbécile
couifa, coiffer
couifuso, coiffeuse
couïnié, cuisinier
couïniero, cuisinère
couïno, cuisine
coulègo [m, f], camarade
coulou, couleur
coumença, commencer
coumo, comment, comme
Coumta(t) de Niço, pays niçois
Coumta(t) de Venissi [f], Comtat-Venaissin]
counouisse, connaitre

commencer, *coumença*
comment, *coumo*
Comtat-Venaissin, *Coumta(t) de [Venisso [f]*
conduire, *mena*
confiserie, *bono, sucrèu [m]*
congre, *fiela(s)*
connaitre, *counouisse*
construire, *basti*
coq, *gau*
coquillages, *cruvelu [pl]*
corde, *couardo*
Corse, *Corso*
costume, *coustume, àbi*
côte (=montée), *couasto*
côte (littoral), *coustiero*
côté, *cousta(t)*
coton, *coutoun*
cou, *couale*
coucher, *coucha*
coude, *couide*
couleur, *coulou*
coup, *còu(p)*
cour, *cour(t)*
courant, *courrèn(t)*
courgette, *cougourdeto*
courir, *courre*
course, *courso*
cousin/-e, *cousin/-no*
couteau, *coutèu*
couter, *cousta*
couvrir, *curbi*
crabe (petit), *favouio [f]*
crâner, *fa d'esbroufe*
cravate, *gravato*
crayon, *creioun*
crépuscule, *calabrun*
crever, *creba*
crier, *crida*
crique, *calanco*
croc-en-jambe, *gambeto [f]*
crochet, *gànchou*
croire, *crèire*
cube, *cube*
cuillère, *cuièro, cuié [m]*

counvida, inviter
cour(t), cour [n]
courre, courir
courrèn(t), courant
course(t), gilet d'homme
courso, course
cousin/-no, cousin/-e
cousta(t), côté
cousta, couter
coustiero, côte (littoral)
coustume, costume
coutèu, couteau
coutoun, coton
creba, crever
creioun, crayon
crèire, croire
crento, gêne
crida, crier
croumpa, acheter
cruvelu [pl], coquillages
cube, cube
cueisso, cuisse
cuié [m], cuillère
cuièro, cuillère
curbi, couvrir
d'aise !, mollo !
da(t), dé
damoun(t), haut (en)
dansarello, danseuse
darrié, derrière
darrié/-ro, dernier/-re
davala, descendre
davan(s) , devant
de , de, à
de(t) dóu signe, index (doigt)
de(t), doigt
debas, collant (habit)
demanda, demander
dèn(t), dent
derraba, arracher
dès, dix
dès-e-nòu, dix-neuf
dès-e-sè(t), dix-sept
dès-e-vue, dix-huit
descèndre, descendre

cuisine, couïno
cuisinère, couïniero
cuisinier, couïnié
cuisse, cueisso
culture en terrasses, restanco
cyprès, ciprés
d'abord, proumié
dans, din(s)
danseuse, dansarello
daube, adobo
Dauphiné, Dóufina(t)
de, de
dé, da(t)
débrouiller (se), s'adouba
decembre, desèmbre
déjeuner (midi), dina
demander, demanda
dent, dèn(t)
depuis, despuei
déranger, destourba
dernier/-re, darrié/-ro
dérober, rauba
derrière, darrié
dès que, tre que
descendre, davala, descèndre
dessin, dessin
dessous, dessouto
dessus, dessu(s)
deux, dous [m], douas [f]
devant, davan(s)
devinette, devinaio
devoir, duoure
diable, diable
dictionnaire, diciounàri
Dieu, Diéu
dimanche, diminche
diner (soir), soupa
dinette, tarraieto
dispute, garrouio
dix, dès
dix-huit, dès-e-vue
dix-neuf, dès-e-nòu
dix-sept, dès-e-sè(t)
doigt, de(t)
donc, doun(c) , puei

desèmbre, decembre
desjuna, petit-déjeuner
despuei, depuis
dessin, dessin
dessouto, dessous
dessu(s), dessus
destourba, déranger
devinaio, devinette
diable, diable
diciounàri, dictionnaire
Diéu, Dieu
dijòu, jeudi
dilun, lundi
dimar(s), mardi
dimècre, mercredi
diminche, dimanche
digo !, dis !
dina, déjeuner (midi)
din(s), dans
dissate, samedi
divèndre, vendredi
dorbi, ouvrir
douas [f], deux
Dóufina(t), Dauphiné
douge, douze
douna, donner
dous [m], deux
dóutour, médecin
dra(c), dragon
draio [f], sentier
dre/-cho, droit/-e, debout
drole, garçon
Droumo, Drôme
duoure, devoir
Durènço, Durance
durmi, dormir
eici, ici
eima, aimer
eina(t)/-do, aîné(e)
eissadoun, sarcloir
emé, avec
emplega/-do, employé(e)
encapa, bien tomber
encaro, encore
encuei, aujourd'hui

donner, *douna, baia*
dormir, *durmi*
dos, *esquino [f]*
douze, *douge*
dragon, *dra(c), dragoun*
droit/-e, *dre/-cho*
Drôme, *Droumo*
Durance, *Durènço*
eau, *aigo*
éclair, *lam(p), uiau*
école, *escolo*
ecouter, *escouta*
écrire, *escriéure*
écriture, *escrituro*
écrivain, *escrivan*
écurie, *estable [m]*
église, *glèio, egliso*
élève, *escoulan/-no*
emmener, *mena*
employé(e), *emplega/-do*
encore, *encaro, mai*
enfants, *pichoun, móussi*
enlever, *leva*
enseignant, *ensignaire*
enseignante, *ensignarello*
entendre, *entèndre, auvi*
entre, *entre, demié*
entrée, *intrado*
entrer, *intra*
épaule, *espalo*
épée, *espaso*
épicier, *espicié*
équipé, *atrenca*
erreur (grosse), *àrri [m]*
escalier, *escalié [plur.]*
escargot, *cacalauvo [f], limaçoun*
espace, *espàci*
Espagne, *Espagno*
essayer, *assaja*
étalage, *ban(c), taulié*
été, *estiéu*
étoile, *estello*
étranger/-ère (inconnu), *estrangié [/-iero*
étranger/-ère (autre pays),

endùmi, vendanges
endustrìo, industrie
enfan(t), fils
enfourmatician, informaticien
engana, tromper
engeniour, ingénieur
enquitranado, goudronnée
ensalado, salade
ensignaire, enseignant
ensignarello, enseignante
entàntou que, pendant que
entre, entre
erbo, herbe
erò, héro
erso, vague
escagassa, abimer
escalié [plur.], escalier
escalié [sing.], marche d'escalier
escolo, école
escouba, balayer
escoubo [f], balai
escoulan/-no, élève
escouta, ecouter
escriéure, écrire
escrituro, écriture
escrivan, écrivain
espàci, espace
Espagno, Espagne
espalo, épaule
espaso, épée
espera, attendre
espicié, épicier
espitau, hôpital
esquicha, serrer
esquino [f], dos
estable [m], écurie
estàdi, stade
estello, étoile
estiéu, été
estilò, stylo
estirado, tirée
estra-terrèstre, extra-terrestre
estrangié/-iero, inconnu/-e
èstre, être
estùdi [m], étude

[fourestié/-ero
être, *èstre*
étude, *estùdi [m]*
Europe, *Éuropo*
évier, lavabo, *pilo [f]*
extra-terrestre, *estra-terrèstre*
façon, *biai(s) [m]*
faire partir, *coucha*
falaise, *bau(s)*
farandole, *farandoulo*
fée, *fado*
femme, *fremo, frumo*
fenêtre, *fenèstro*
ferme (agricole), *bastido, mas [m]*
fermeture, *barraduro*
fermier, *bastidan*
fesse, *gauto dóu cuou*
fête des Mères, *fèsto dei Maire,*
fête nationale, *fèsto naciounalo*
fête religieuse, *voto*
feu, *fue*
feux de St Jean, *fue de San(t) Jan*
février, *febrié*
fiancée, *nòvi*
ficher, *garça*
fichu (foulard), *fichu*
fifre, *galoube(t)*
figue, *figo*
filet, *arre(t)*
fille, *fiho*
filleul, *fihòu*
filleule, *fiholo*
fils, *fiéu, enfan(t)*
finir, *feni*
fleur, *flour*
foin, *fen*
fois, *còu(p)*
fonctionnaire, *founciounàri*
fontaine, *fouon(t)*
football, *foutobalo, baloun*
Forcalquier, *Fourcauquié*
forêt, *bouas*
fort/forte, *fouar(t)/fouarto*
fourchette, *fourqueto*
frais/-che, *frès/fresco*

Éuropo, Europe
fa d'esbroufe, crâner
fabrico, usine
fado, fée
faiòu, haricot
Fan !, (exclamation)
farandoulo, farandole
farigoulo [f], thym
farmacian, pharmacien
faro, phare
faudiéu, tablier
favouio [f], petit crabe
febrié, février
fedo, brebis
fen, foin
fenèstro, fenêtre
feni, finir
feniero, grange
fèsto dei Maire, fête des Mères
fèsto dóu travai, premier mai
fèsto naciounalo, fête nationale
fichu, foulard
fiela(s), congre
fiéu, fils
figo, figue
fiho, fille
fiholo, filleule
fihòu, filleul
fincou, jusque
finòchou/-ocho, malin/maline
flour, fleur
fòu, il faut
fouaço, beaucoup
fouar(t)/fouarto, fort/forte
founciounàri, fonctionnaire
fouon(t), fontaine
Fourcauquié, Forcalquier
fourestié/-ero, étranger
               /-ère (autre pays)
fournié, boulanger
fourqueto, fourchette
foutobalo, football
fraire, frère
francés, français
Franço, France

français, *francés*
France, *Franço*
frère, *fraire, frèro*
froid/-e, *fre/frejo*
fromage, *froumàgi*
fruits, *frucho [f sing]*
fumer, *tuba, fuma*
gagner, *gagna*
galet, *còdou*
garçon, *drole*
gare, *garo*
gâteau, *pastissarié*
gel, *gèu*
gendarmes, *gendarmo*
gendre, *bèu-fiéu*
gêne, *crento*
généreux, *generous*
gênois/-e, *ginouvés/-so*
genou, *ginoui, ginous*
gens, *gèn(t)*
gentil/-le, *brave/-o*
géographie, *geougrafio*
gilet, *course(t)*
goudronnée, *enquitranado*
gouter (plat), *tasta*
gouter, *gousta*
gouvernement, *gouvèr*
grammaire, *gramatico*
grand-mère, *gran(d)-maire*
grand-père, *gran(d)-paire*
grand/grande, *gran(d)/grando*
grange, *feniero*
gratin, *tian*
Grèce, *Grèço*
gros/grosse, *gro(s)/grosso*
gym, *ginastico*
habiller, *abiha*
haie, *baragno*
haricot, *faiòu*
haut (en), *damoun(t)*
haut/-e, *au(t)/-to*
Haute-Provence, *Gavoutino*
hélas, *pecaire*
herbe, *erbo*
héro, *erò*

fre/frejo, froid/-e
fremo, frumo, femme
frès, frais
froumàgi, fromage
frucho [f sing], fruits
fue de San(t) Jan, feux de St Jean
fue, feu
gabine(t) de teleto, salle de bain
gagna, gagner
gaiard/o, en bonne santé
gaire, pas beaucoup
galeja, plaisanter
galino, poule
galoube(t), fifre provençal
gambeto [f], croc-en-jambe
gambo, jambe
gànchou, crochet
ganso, nœud
garça, ficher
garo, gare
gàrri, rat
garrouio, dispute
gau, coq
gàubi [m], maitrise
gauto dóu cuou, fesse
gauto, joue
gavouo(t), montagnard
Gavoutino, Haute-Provence
gèn(t), gens
gendarmo, gendarmes
generous, généreux
geougrafìo, géographie
gèu, gel
ginastico, gym
ginous, genou
ginouvés, gênois
glèio, église
gounello, mini-jupe
gousta, gouter
gouvèr, gouvernement
gramatico, grammaire
gran(d)-maire, grand-mère
gran(d)-paire, grand-père
gran(d)/grando, grand/grande
gravato, cravate

heureuse, urouso, uroua
heureux, urous
histoire, istòri
hiver, ivèr
homme, ome
hôpital, espitau
horloge, relògi [m]
huile, òli [m]
huit, vue
hurler, brama
ici, eici, aqui
il était fois..., un còu(p) èro...
il faut, fòu
ile, ilo, isclo
imbécile, couièti
immeuble, oustalas
index (doigt), de(t) dóu signe
industrie, endustrìo
informaticien, enfourmatician
ingénieur, engeniour
inviter, counvida
Italie, Itàli, Italìo
italien, italian
jamais, jamai
jambe, gambo
jambon, cambajoun
janvier, janvié
jardin, jardin
jaune, jaune/jauno
je vous en prie, vous n'en prègui
jean, bloujin
jeu électronique, jue eleitrouni
jeudi, dijòu
jeune, jouèine/-èino
joli/-e, pouli(t)/-do
joue, gauto
jouer, juga
jour de l'an, jou de l'an
jour, jou
journaliste, journalisto
joutes nautiques, targo
juillet, julie(t), juie(t)
juin, jun
jupe, jupo
jusque, fìncou, jusco

Grèço, Grèce
grifoun, robinet
gro(s) de(t), pouce
gro(s)/grosso, gros/grosse
ilo isclo, ile
intra, entrer
intrado, entrée
istòri, histoire
Itàli, Italìo, Italie
italian, italien
ivèr, hiver
jamai, jamais
janvié, janvier
jardin, jardin
jaune/jauno, jaune
jou de l'an, jour de l'an
jou, jour
jouèine/-èino, jeune
journalisto, journaliste
jue eleitrouni, jeu électronique
juga eis escoundudo, cache-cache (jouer à)
juga, jouer
julie(t) juie(t), juillet
jun, juin
jupo, jupe
la, lait
lam(p), éclair
lano, laine
lapin, lapin
lava, laver
lavando, lavande
legi, lire
lèio, allée
leituro, lecture
lengo, langue
lesco, tranche
letro, lettre
lèu, tôt
leva , lever
leva, enlever
levantas, vent d'est
liberta, liberté
libraire, libraire
libre, livre

là, *aqui*
laine, *lano*
lait, *la*
langue, *lengo*
lapin, *lapin*
lavande, *lavando*
laver, *lava*
lécher, *lipa*
lecture, *leituro*
légume, *liéume*
lentement, *plan*
lettre, *letro*
lever, *leva*
liberté, *liberta*
libraire, *libraire*
lire, *legi*
lit, *lié*
littérature, *literaturo*
livre, *libre*
long/longue, *long/longo*
longtemps, *loun(g)-tèm(s)*
lorsque, *quouro*
loup, *lou(p)*
Lubéron, *Luberoun/Leberoun*
lundi, *dilun*
lune, *luno*
lyonnaise, *liouneso*
maçon, *maçoun, muraire*
madame, *madamo*
mademoiselle, *madamisello*
magasin, *boutigo*
mai, *mai*
main, *man*
maintenant, *aro*
mairie, *municipe [m]*
mais, *mai*
maitre-nageur, *mèstre-nedaire*
maitre/maîtresse, *mèstre/mestrèsso*
maitrise, *gàubi [m]*
mal, *mau*
malade, *malaut/o*
malin/maline, *finòchou/-ocho*
maman, *ma, mama*
manège, *viro-viro*
manger, *manja*

lié, lit
liéume, légume
liouneso, lyonnaise
lipa, lécher
literaturo, littérature
long/longo, long/longue
lou(p), loup
loun(g)-tèm(s), longtemps
Luberoun/Leberoun, Lubéron
luche(t) liche(t), bêche
luno, lune
ma, mama, maman
maçoun muraire, maçon
madamisello, mademoiselle
madamo, madame
madu/-ro, mûr/-e
mai , mais
mai, mai
mai, plus, encore
maire, mère
malaut/o, malade
mame(t), mameto, mémé, mamie]
man, main
manja, manger
mantèu, manteau
mar(s), mars
mar, mer
marca(t), marché
marchando, marchande
marci, merci
marida, marier
maridàgi, mariage
marri(t)/-ido, mauvais/-e
Marsiho, Marseille
masco, sorcière
matematico, maths
matin, matin
mau, mal
maufatan, voyou
Mauro e Esterèu, Maure et Esterel]
meiou, meilleur
meirino, marraine
meloun, melon
men(s), moins

manteau, *mantèu*
marchande, *marchando*
marché, *marca(t)*
marcher, *camina, marcha*
mardi, *dimar(s)*
Mardi-Gras, *Caramentran*
mariage, *maridàgi*
marier, *marida*
marraine, *meirino*
mars, *mar(s)*
Marseille, *Marsiho*
maths, *matematico*
matin, *matin*
Maure et Esterel, *Mauro e Esterèu*
mauvais/-e, *marri(t)/-ido*
méchant, *michan(t)*
médecin, *dóutour, mège*
Méditerranée, *Mieterrano*
meilleur, *meiou*
melon, *meloun*
mémé, mamie, *mame(t), mameto*
même, *mume/mumo*
mer, *mar*
merci, *marci, gramaci*
mercredi, *dimècre*
mère, *maire, mèro*
mettre, *metre, bouta*
meuble, *moble*
midi, *miejou*
miel, *mèu*
mieux, *miés*
milieu, *mitan*
militaire, *sourda(t)*
mille, *milo*
milliard, *miliar(d)*
million, *milien*
mini-jupe, *gounello*
miraud, *calu*
Mistral, *Mistrau*
moins, *men(s)*
mois, *mes, me(s)*
moitié, *mita*
mollasson, *sànti-bèlli*
mollet [n], *boutèu*
mollo !, *d'aise !*

mena, conduire, emmener
menaire, chauffeur
mentre que, alors que
merinjano, aubergine
mes, me(s), mois
mèstre-nedaire, maitre-nageur
mèstre/mestrèsso,
    [maitre/maîtresse
metre, mettre
mèu, miel
michan(t), méchant
miejou, midi
miés, mieux
Mieterrano, Méditerranée
miliar(d), milliard
milien, million
milo, mille
Mistrau, Mistral
mita, moitié
mitan, milieu
moble, meuble
mot, mot
mouastro, montre
moulin d'òli, moulin à huile
Mounde, Monde
mounedo, monnaie
mounta, monter
mountado, montée
mountagno, montagne
mouri, mourir
moussèu, morceau
moussu, monsieur
moustre, monstre
moutoun, mouton
mume/mumo, même
municipe [m], mairie
muraio, mur
mureto, murette
musico, musique
nàni, non (poli)
narro, narrine
nas, nez
nèblo, brume
negre/negro, noir/noire
nèu, neige

Monde, *Mounde*
monnaie, *mounedo*
monsieur, *moussu*
monstre, *moustre*
montagnard, *gavouo(t)*
montagne, *mountagno*
montée, *mountado*
monter, *mounta*
montre, *mouastro*
moquer (se), *si trufa*
morceau, *moussèu*
mot, *mot*
moulin à huile, *moulin d'òli*
mourir, *mouri*
mouton, *moutoun pare(t)*
mur, *muraio*
mûr/-e, *madu/-ro*
murette, *mureto*
musique, *musico*
narrine, *narro*
neige (il), *nèvo*
neige, *nèu*
neuf (chiffre), *nòu*
neuf/neuve, *nòu/novo*
nez, *nas*
nid, *niéu*
Noël, *Calèndo, Nouvè*
nœud, *ganso [f]*, nous
noir/noire, *negre/negro*
non (familier), *noun*
non (poli), *nàni*
novembre, *nouvèmbre*
nuage, *niéu*
nuit, *nue*
octobre, *óutobre*
œil, *uei*
offrir, *pourgi*
oignon, *cèbo [f]*
oiseau, *aucèu*
olive, *óulivo*
olivier, *óulivié*
oncle, *ouncle*
ongle, *ounglo [f]*
onze, *ounge*
or, *or*

nèvo, neige (il)
niéu, nuage
niéu, nid
nifla, sentir (odeur)
nistoun, bébé
nòu, neuf (chiffre)
nòu/novo, neuf/neuve
noun, non (familier)
nounanto, quatre-vint-dix
nouvèmbre, novembre
nòvi, fiancée
nue, nuit
o, oui, ou bien
obro [f], travail
òli [m], huile
ome, homme
or, or
óublida, oublier
oubrié, ouvrier
óulivié, olivier
óulivo, olive
oulo, casserole
ouncle, oncle
ounglo [f], ongle
ounte mounte, où
ouratòri, oratoire
ourdinatour, ordinateur
óussin, oursin
oustalas, immeuble
óutobre, octobre
pa, papa, papa
paga, payer
paire, père
païs d'O, pays d'Oc
païsàgi, paysage
païsan, agriculteur
pamen(s), pourtant
pan, pain
Pandecousto, Pentecôte
pantaia, rêver
pantouflo, pantoufle
pape(t), pépé, papy
parai ?, pas vrai ?
pare(t), mur
parèu [m], paire

orage, *chavano [f]*
orange (couleur), *aranja/aranjado*
orange (fruit), *aràngi [m]*
oratoire, *ouratòri*
ordinateur, *ourdinatour*
oreille, *auriho*
orteil, *artèu*
où, *ounte mounte*
oublier, *óublida*
oui, *o, vo, vouei*
oursin, *óussin*
ouvrier, *oubrié*
ouvrir, *dorbi*
pain, *pan*
paire, *parèu [m]*
panier, *coufin*
pantalon, *braio [f pl]*
pantoufle, *pantouflo*
papa, *pa, papa*
papillon, *parpaioun*
Pâques, *Pasco*
par, *pèr*
parasol, *paro-soulèu*
parc, *pargue*
parce que, *perqué*
parfois, *de còu(p)*
parler, *parla*
parrain, *peirin*
pas beaucoup, *gaire*
pas vrai ?, *parai ?*
passer, *passa*
pastis, anis, *patacle(t)*
pâtes, *pasto*
patronne, *patrouno*
pauvre, *paure/pauro*
payer, *paga*
pays d'Oc, *païs d'O*
pays niçois, *Coumta(t) de Niço*
paysage, *païsàgi*
paysan, *païsan*
pêche (fruit), *pessègue [m]*
pêcheur, *pescaire, pescadou*
peindre, *pinta*
peinture, *pinturo*
pendant que, *entàntou que*

- 139 -

pargue, parc
parla, parler
paro-soulèu, parasol
parpaioun, papillon
parpeleja, clignoter
Pasco, Pâques
passa, passer
passejado, promenade
pastissarié, gâteau
pasto, pâtes
pàti [m], toilettes, bazar
pati, soufrir
patrouno, patronne
pau, peu
paure/pauro, pauvre
pè(d), pied
pè(d)-paque(t), pieds-paquets
pecaire, hélas
pegoulado, retraite aux flambeaux
pèi(s), poisson
peirin, parrain
peissaio [f sing], poissons (petits)
peissouniero, poissonnière
pèndo [f], versant
pensa, penser
pèr , pour, par
perdre, perdre
pero, poire
perqué, parce que
perqué, pourquoi
pescaire, pescadou, pêcheur
pessègue [m], pêche (fruit)
peta, casser
petanco, pétanque
péu, chivu, cheveu
pichoun, móussi, enfants
pichoun/-no, petit/-e
piègi, pire
Piemoun(t), Piémont
pilo [f], évier lavabo
pin, pin
pinta, peindre
pinturo, peinture
pitre [m], poitrine
plaço, place

penser, *pensa*
Pentecôte, *Pandecousto*
pépé, papy, *pape(t)*
perdre, *perdre*
père, *paire, pèro*
pétanque, *petanco*
petit-déjeuner, *desjuna*
petit/-e, *pichoun/-no*
peu, *pau, gaire*
phare, *faro*
pharmacien, *farmacian*
pied, *pè(d)*
pieds-paquets, *pè(d)-paque(t)*
Piémont, *Piemoun(t)*
pin, *pin*
pire, *piègi*
place, *plaço*
plage, *plajo*
plaire, *agrada*
plaisanterie, *talounado, galejado*
platane, *platano [f]*
plein/pleine, *plen/pleno*
pleurer, *ploura*
pleut (il), *plòu*
pluie, *plueio*
plus, *plu(s), mai*
plutôt, *pulèu*
poêle, *sartan*
poignet, *pougne(t)*
pointe, *pouncho*
poire, *pero*
poison, *pouioun [f]*
poisson, *pèi(s)*
poissonnière, *peissouniero*
poissons (petits), *peissaio [f sing]*
poitrine, *pitre [m]*
police, *pouliço*
policier, *poulicié*
pomme de terre, *trufo, tartiflo*
pomme, *poumo*
pompiers, *poumpié*
pont, *pouon(t)*
porc, *pouar(c)*
port, *por(t)*
porte, *pouarto*

plajo, plage
plan, lentement
platano [f], platane
plen/pleno, plein/pleine
plòu, pleut (il)
ploura, pleurer
plu(s) plus
plueio, pluie
por(t), port
pouar(c), porc
pouarto, porte
poudé, pouvoir [v, n]
pougne(t), poignet
pouioun [f], poison
pouli(t)/-do, joli/-e
poulicié, policier
pouliço, police
poumo d'amour, tomate
poumo, pomme
poumpié, pompiers
pouncho, pointe
pouon(t), pont
poupudo, charnue
pourgi, offrir
pourpre, poulpe
pourta, porter
pous, puits
pousqué, pouvoir [vb]
poussible/-iblo, possible
poutoun [m], bise
pra(t), pré
pratico, clientèle
prene, prendre
presèn(t), cadeau
prince, prince
princesso, princesse
printèm(s), printemps
pròchi, près
proufessour, professeur
proumenado, promenade
proumié, d'abord
prounounciacien, prononciation
prouvençalo, provençale
prouvençau, provençal
Prouvènço, Provence

porter, *pourta*
possible, *poussible/-iblo*
pouce, *gro(s) de(t), póuce*
poule, *galino*
poulpe, *pourpre*
poupée, *titèi, titèio*
pour, *pèr*
pourquoi, *perqué*
pourtant, *pamen(s)*
pouvoir, *poudé, pousqué*
pré, *pra(t)*
précipiter (se), *si rounsa*
premier mai, *fèsto dóu travai*
prendre, *prene, prèndre*
préparer, *alesti*
près, *pròchi*
prince, *prince*
princesse, *princesso*
printemps, *printèm(s)*
procession, *roumavàgi*
professeur, *proufessour*
promenade, *proumenado, passejado*
prononciation, *prounounciacien*
provençal, *prouvençau*
provençale, *prouvençalo*
Provence, *Prouvènço*
publicité, *reclamo*
puisque, *bor(d) que*
puits, *pous*
pull, *trico(t), lano [f]*
quand, *quan(d)*
quai, *quèi*
quarante, *quaranto*
quatorze, *quatorge*
quatre, *quatre*
quatre-vingt, *vuetanto*
quatre-vint-dix, *nounanto*
que, *que*
qui (interr.), *qu*
qui (relatif), *que*
quincaillerie, *quincaio*
quinze, *quinge*
quoi, *que*
raisin, *rin, rasin*
rascasse, *rascasso*

- 141 -

puei, donc, puis
pulèu, plutôt
qu, qui (interr.)
quan(d), quand
quan(t), combien
quaranto, quarante
quatorge, quatorze
quatre, quatre
que, qui (relatif)
que, quoi
quèi, quai
querre, chercher (prendre)
quincaio, quincaillerie
quinge, quinze
quouro, lorsque
radassié, canapé
raisso, averse
rascasso, rascasse
rastèu, râteau
rauba, dérober
raubo, robe
reclamo, publicité
recordo, recolte
recouide, virage
regarda, regarder
regioun, région
rèi, roi
rèino, reine
relògi [m], horloge
remarcia, remercier
remembra (si), se rappeler
rèndre, rendre
rescountra, rencontrer
respondre, répondre
restanco, culture en terrasses
retira, retraité
reviha, réveiller
ribiero, rivière
riche/richo, riche
rin, rasin, raisin
rire, rire
roco, roche
Rose, Rhône
roucas, rocher
rouge/roujo, rouge

rat, *gàrri*
râteau, *rastèu*
rater, *caga*
recolte, *recordo*
regarder, *regarda*
région, *regioun*
reine, *rèino*
remercier, *remarcia, gramacia*
remonte-pente, *tiro-cuou*
rencontrer, *rescountra*
rendre, *rèndre*
renseignement, *rensignamen*
répondre, *respondre*
ressentir, *senti*
retraite aux flambeaux, *pegoulado*
retraité, *retira*
réussir, *capita*
réveiller, *reviha*
réveillon, veillée, *vihado*
rêver, *pantaia*
Rhône, *Rose*
riche, *riche/richo*
rire, *rire*
rivière, *ribiero*
robe, *raubo*
robinet, *grifoun, roubinet*
roche, *roco*
rocher, *roucas*
roi, *rèi*
romarin, *roumaniéu*
rond-point, *rountoundo*
rouge, *rouge/roujo*
route, *routo*
rue, *carriero*
ruisseau, *vala(t)*
s'il vous plait, *se vous plai(s), [siouplè*
sable, *sablo [f]*
Saint Eloi, *Sant Aloi*
Sainte-Estelle, *Santo-Estello*
saison, *sesoun*
salade, *ensalado*
salle à manger, *salo pèr manja*
salle de bain, *gabine(t) de teleto*
salon, *sejour*

- 142 -

roumaniéu, romarin
roumavàgi, procession
roumpre, casser
rounsa (si), précipiter (se)
rountoundo, rond-point
routo, route
s'adouba, débrouiller (se)
sablo [f], sable
saché, savoir [vb]
saco, cartable, sac
salo pèr manja, salle à manger
Sant Aloi, Saint Eloi
sànti-bèlli, mollasson
Santo-Estello, Sainte-Estelle
santoun, santon
sapin, sapin
sartan, poêle
sau [f], sel
sausso, sauce
saupre, savoir
sciènci, science
se vous plai(s), s'il vous plait
sè(t), sept
se, si (=condition)
se/seco, sec/sèche
secaresso, sècheresse
secretàri, secrétaire
sege, seize
segu/-ro, sûr/sure
segui, suivre
sejour, salon
semano, semaine
sèmpre, toujours
sènso, sans
senti, sentir
ser(p) [f], serpent
sero [m f], soir
servicialo, serveuse
sesoun, saison
setanto, soixante-dix
setèmbre, septembre
sièi(s), six
sieissanto, soixante
sieto, assiette
sòu, sol

salut ! (= au revoir), *adessias !* + [*chau !*
salut ! (= bonjour), *adiéu !*
samedi, *dissate*
sans, *sènso*
santé (en bonne), *gaiard/o*
santon, *santoun*
sapin, *sapin*
sarcloir, *eissadoun*
sauce, *sausso*
savoir, *saupre*, *saché*
science, *sciènci*
sec/sèche, *se/seco*
sècheresse, *secaresso*
secrétaire, *secretàri*
seize, *sege*
sel, *sau [f]*
semaine, *semano*
sentier, *draio [f]*
sentir, (odeur)*nifla*
sept, *sè(t)*
septembre, *setèmbre*
serpent, *ser(p) [f]*
serrer la main*touca la man*
serrer, *esquicha*
serveuse, *servicialo*
serviette, *servieto*, *touaioun [m]*
seule/-e, *soulet/-eto*
short, *braieto [f pl]*
si (=autant), *tan(t)*
si (=condition), *se*
six, *sièi(s)*
slip, caleçon, *braieto [f pl]*
sœur, *souarre*
soir, *sero [m, f]*, *souar*
soixante, *sieissanto*
soixante-dix, *setanto*
sol, *sòu*
soleil, *soulèu*
sommet, *cimo*
sorcière, *masco*
sortir, *sourti*
soudain, *tout d'un tèm(s)*
souffrir, *soufri*, *pati*
soupe, *soupo*, *menèstro*

souarre, sœur
soule(t)/-eto, seule/-e,
soulèu, soleil
soulié d'espor(t), chaussure de sport]
souna, appeler
soupa, diner (soir)
soupo, soupe
sourda(t), militaire
sourso, source
sourti, sortir
sousto [f], abri
souto, sous
souvèn(t), souvent
souveni, souvenir
su(s), sur
sucrèu, bonbon
supermarca(t), supermarché
tablèu, tableau
talounado, plaisanterie
tambèn, aussi,
tan(t), si (=autant)
tanto, tante
tapa, boucher
tapa, couvrir, boucher
targo [f sing], joutes nautiques
tarraieto, dinette
tasta, gouter (plat)
taulié, étalage
taulo, table
tè !, "tiens" (interjection)
telé, télévision
telefone, téléphone
teni, tenir
terro, terre
tèsto, tête
téulisso [f], toit
tian, gratin
tibanèu [m], tenture
tiro-cuou, remonte-pente
titèi, titèio, poupée
touaioun [m], serviette
touarse, tordre
touca la man, serrer la main
touca, toucher

source, sourso
sous, souto
souvenir, remembranço
souvent, souvèn(t)
stade, estàdi
stylo, estilò
suivre, segui
supermarché, supermarca(t)
sur, su(s)
sûr/sure, segu/-ro
table, taulo
tableau, tablèu
tablier, faudiéu
tante, tanto
tata, tatie, tata, tantino
tâter, chaspa
taureau, buou
téléphone, telefone
télévision, telé, TV
tenir, teni
tenture, tibanèu [m]
terre, terro
tête, tèsto
thym, farigoulo [f]
tirée [n], estirado
toilettes, pàti [m]
toit, téulisso [f]
tomate, poumo d'amour
tomber (bien), encapa
tomber, toumba
tonneau, bouto [f]
tonnerre, tounèro, tron
tordre, touarse
tôt, lèu
toucher, touca
toujours, toujou, sèmpre
Toulon, Touloun
toupie, baudufo
touriste, touristo [m, f]
tournée [n], virado
tourner, tourna, vira
Toussaint, Toussan(t)
tout à l'heure (futur), tout aro
tout à l'heure (passé), tout esca(s)
tracteur, tratour

toujou, toujours
Touloun, Toulon
toumba, tomber
tounèro, tonnerre
touristo [m, f], touriste
tourna, vira, tourner
Toussan(t), Toussaint
tout aro, tout à l'heure (futur)
tout d'un tèm(s), soudain
tout esca(s), tout à l'heure (passé)
tóuteno [f], calamar
tradicien, tradition
tratour, tracteur
travaia, travailler
tre que, dès que
Trege dessert, Treize desserts
trege, treize
trento, trente
tres, trois
trico(t), pull
trin, train
tron, tonnerre (juron)
tròu, trop
troupèu, troupeau
trouva, trouver
trufa (si), moquer (se)
trufo, tartiflo, pomme de terre
tuba, fumer
uba/adré, versant nord/sud
uei, œil
uiau, éclair
un còu(p) èro..., il était une fois...
un/uno, un/une
urous, heureux
urouso, uroua, heureuse
vaco, vache
vala(t), ruisseau
valado, vallée
vaqui, voilà
ve !, "vois" (interjection)
vèire, verre
vèire, voir
veituro, voiture
vèn(t), vent
vendèire, vendeur

tradition, tradicien
train, trin
tranche, lesco
transhumance, amountagnàgi [m]
transporter, carreja
travail, obro [f]
travailler, travaia
travers (à), au travès
travers (de), de bescànti
Treize desserts, Trege dessert
treize, trege
trente, trento
trois, tres
tromper, engana
trop, tròu
troupeau, troupèu
trouver, trouva
un/une, un/uno
usine, fabrico
vache, vaco
vague, erso
vallée, valado
vendanges, endùmi
vendeur, vendèire
vendre, vèndre
vendredi, divèndre
vent d'est, levant
vent, vèn(t)
ventre, vèntre
verre, vèire
versant nord/sud, uba/adré
versant, pèndo [f]
vert, vèr(d)/vèrdo
veste, vèsto
vétérinaire, veterinàri
viande, viando
vie, vido
vieux/vieille, vièi/vièio
vigno, vigno
village, vilàgi
vin, vin
vingt, vin(t)
vingt-deux, vinto-dous
vingt-et-un, vint-un
vingt-trois, vinto-tres

vèndre, vendre
vèntre, ventre
vèr(d)/vèrdo, vert
verai/veraio, vrai/vraie
vesin, voisin
vèsto, veste
veterinàri, vétérinaire
viando, viande
vido, vie
vièi/vièio, vieux/vieille
viéure, vivre
vigno, vigno
vihado, réveillon veillée
vilàgi, village
vin(t), vingt
vin, vin
vint-un, vint-et-un
vinto-dous, vingt-deux
vinto-tres, vingt-trois
vióule(t)/vióuleto, violet/-te
virado, tournée
viro-viro, manège
vite , vite
vo,vouei, oui
voto, fête religieuse
voucabulàri, vocabulaire
vougué, vouloir
voulé, vouloir
voulur, voleur
vounge, onze
vous n'en prègui, je vous en prie
vue, huit
vuei, aujourd'hui
vuetanto, quatre-vingt
z-Ai(s), Aix
zou !, allez !

violet/-te, *vióule(t)/vióuleto*
virage, *recouide, tournant*
visage, *caro [f]*
vite, *vite*
vivre, *viéure*
vocabulaire, *voucabulàri*
voilà, *vaqui*
voir, *vèire*
voisin, *vesin*
voiture, *veituro*
volet, *contro-vèn(t)*
voleur, *voulur*
vouloir, *voulé, vougué*
voyou, *maufatan*
vrai/vraie, *verai/veraio*

Bibliographie et autres sources d'information

Livres sur la langue et la culture provençales

-AUBOIRON Bruno & LANSARD Gilles
Métiers de Provence, Aix, Edisud, 1997.
-ARIÈS André
Lou prouvençau à l'oustau, Aubagne, Escandihado, 1971 [méthode audio-visuelle de provençal].
-BARATIER Edouard (Dir.)
Histoire de la Provence, Toulouse, Privat, 1990.
-BAYLE Louis
-*Grammaire provençale*, Toulon, L'Astrado, 1975.
-*Les verbes provençaux et leur conjugaison*, Toulon, L'Astrado, 1986.
-BAYLE Louis & COURTY Michel
-*Histoire abrégée de la littérature provençale moderne*, Berre, L'Astrado, 1995.
-BEC serge & GIRAUDOU Laurent
Fêtes de Provence, Aix, Edisud, 1994 [nombreuses photographies].
-BENOIT Fernand
La Provence et le Comtat Venaissin, arts et traditions populaires, Avignon, Aubanel, 1975.
-BLANCHET Philippe
-*Dictionnaire du français régional de Provence*, Paris, Bonneton, 1991.
-*Le provençal, essai de description sociolinguistique*, Louvain, Peeters, 1992.
-*Dictionnaire ethnographique de la cuisine de Provence*, Paris, Bonneton, 1994 [en collaboration avec C. Favrat].
-*Les Mots d'Ici (Petit guide des vérités bonnes à dire sur les langues de Provence et d'ailleurs)*, Aix, Edisud, 1995.
-*Vivre en pays toulonnais au XVIIème siècle : textes provençaux de Pierre Chabert, de La Valette*, édition critique bilingue, Marseille, Autres-Temps, 1997 [en collaboration avec R. Gensollen].
-*Parlo que pinto ! petit vocabulaire français-provençal pour l'accompagnement d'activités pédagogiques*, Berre, L'Astrado, 1997, réédition 1999.
-*Dictionnaire élémentaire français-provençal (dialecte*

maritime et intérieur), Paris, Gisserot, 1999 (à paraitre).
-*Mon premier dictionnaire français-provençal*, Paris, Gisserot, 1999 [pour enfants].
-BOUVIER Jean-Claude, & MARTEL Claude
-*Atlas Linguistique et Ethnographique de la Provence*, Paris, CNRS, 1975-....
-*Anthologie des expressions en Provence*, Marseille, Rivages, 1981.
[COLLECTIF]
-*Le territoire régional Provence, Alpes, Côte d'Azur*, Association régionale des professeurs d'Histoire-Géographie / Université de Provence, Aix, 1992.
-*Encyclopédie Provence*, Paris, Bonneton, 1989.
-*Stage académique de langue provençale*, Marseille, CRDP, 1982.
-*Grammaire provençale*, Aix, CREO/Edisud, 1998 [en graphie occitane].
-"Anthologie des poètes provençaux d'aujourd'hui" revue *Polyphonies* n° 21-22, Paris, La Différences, 1996-97.
-*Lou cansounié*, Nice, Serre, 1998 [recueil de chants traditionnels des Alpes méridionales depuis la Provence jusqu'à l'Italie du Nord en passant par le pays niçois].
-*Le costume populaire provençal*, Aix, Edisud, 1996.
-COUPIER Jules
-*Dictionnaire français-provençal*, Aix, Edisud, 1995, 1512 p. (dirigé par Ph. Blanchet).
-*Petit dictionnaire français-provençal*, Aix, Edisud, 1998, 360 p. (dirigé par Ph. Blanchet).
-COURTY Michel
-*Anthologie de la littérature provençale moderne*, Berre, L'Astrado 1997.
-DALBERA Jean-Philippe
Les parlers des Alpes-Maritime, Londres, AIEO, 1994.
-DOIZE Yves & DOMENGE Jean-Luc
L'imagerie français-provençal, Paris, Fleurus, 1997 [vocabulaire bilingue illustré pour enfants].
-DOMENGE Jean-Luc
Grammaire du provençal varois, La Farlède, AVEP, 1998.
-DOMENGE Georges (Dir.)
Cuisine de tradition du Var et des Alpes du Sud, Aix, Edisud, 1993 [riche lexique provençal].

-DUCHENE Roger
   -Et la Provence devint française , Paris, Mazarine, 1982.
   -Naissance d'une région, 1945-1985 , Histoire de Provence t. 3, Paris, Fayard, 1986.
-DURAND Bruno
   Grammaire provençale, Rééd. Lou Prouvençau à l'escolo, Marseille, 1984.
-EMMANUELLI François-Xavier
   Histoire de la Provence, Paris, Hachette, 1980.
-FALLEN Joseph
   Grammaire provençale, Aix, 1938.
-FORD Harry
   Modern Provençal Phonology and Morphology, New-York, AMS Press, 1966.
-FOURVIÈRES Xavier (de)
   Grammaire provençale et guide de conversation, réédition Arles, CPM, 1986.
-GALTIER Charles
   Le trésor des jeux provençaux, Arles, CPM, 1952.
-GIÈLY Bernard
   Grammaire du verbe provençal, Marseille, Prouvènço d'Aro, 1995.
-GIRAUD A.
   Inventaire bibliographique des pastorales théâtrales en Provence, Paris, CNRS, 1984.
-GUIS Maurice, LEFRANÇOIS Thierry & VENTURE Rémi
   Le galoubet-tambourin, instrument traditionnel de Provence, Aix, Edisud, 1993.
-LÜDI Georges & PY Bernard
   Etre bilingue, Berne, Peter Lang, 1986.
-MAURON Claude
   Frédéric Mistral, Paris, Fayard, 1993 [biographie].
-MISTRAL Frédéric
   Lou Tresor dóu Felibrige, dictionnaire provençal-français, Paris, 2 vol., 1886, réédition Edisud, 1986.
-NAZET Marion
   Cuisine et fêtes de Provence, Aix, Edisud, 1992.
-NOUGIER Paul
   Coume te dison ?, Marseille, 1996 [Dictionnaire des prénoms en provençal].
-NOUVION Robert
   Précis de conjugaison des verbes provençaux, Berre, L'Astrado, 1995.

-PELEN Jean-Noël & Martel Claude
    L'homme et le taureau en Provence et Languedoc, Grenoble, Glénat, 1990.
-ROCHE Jean
    La clé du trésor, Marseille, Lou Prouvençau à l'Escolo, 1985 [dictionnaire français-provençal d'expressions et locutions].
-ROLLET Pierre
    Lou gàubi prouvençau, Aix, Edicioun Ramoun Berenguié, 1973 [recueil d'expressions provençales].
-ROSTAING Charles
    Pèr aprene à legi lou prouvençau, Marseille, Lou Prouvençau à l'escolo, 1980.
-ROSTAING Charles et JOUVEAU René
    Précis de littérature provençale, Marseille, Lou Prouvençau à l'Escolo, 1987.
-SAVINIAN
    Grammaire provençale, réédition Nîmes, Lacour, 1991.
-TAYLOR Jill
    Sound Evidence, Speech Communities and Social Accents in Aix-en-Provence, Berne, Peter Lang, 1996.
-TENNEVIN Jean-Pierre
    Essai sur le style de la langue provençale, Marseille, Lou Prouvençau à l'Escolo, 1987.
-VOULAND Pierre
    -*Se parlaves prouvençau ?*, Manuel de provençal 1er niveau, Nice, CRDP, 1986.
    -*Parlèsses clar! !*, manuel de provençal 2è niveau, Nice, CRDP, 1988.
-WURMS, Stephen
    Atlas des langues en péril dans le monde, Paris, UNESCO, 1996.
-YACOUB Joseph
    Les minorités dans le monde, Paris, Desclée de Brouwer, 1998.

Quelques revues en provençal et en français portant principalement sur la langue et la cultures provençales (adresses plus loin sous "adresses utiles") :

-*L'Astrado*, revue littéraire annuelle bilingue à livraisons généralement thématiques depuis 1965 (un volume d'au moins 200 pages), publiée à Toulon puis à Berre.
-*Les Alpes de lumière*, belle revue trimestrielle,

principalement ethnographique et historique centrée sur la Provence et les Alpes provençales, publiée à Mane (04) et diffusée par Edisud (Aix), depuis 1953.
-*La France latine*, revue semestrielle alternant livraisons thématiques et variées depuis 1948, nouvelle série depuis 1970, principalement en français, publiée à Paris.
-*Lou prouvençau à l'Escolo*, revue trimestrielle pour l'enseignement du provençal, depuis 1945, principalement en provençal, publiée à St-Rémy, puis Marseille, puis à Arles.
-*Li Nouvello de Prouvènço*, magazine bimestriel entièrement en provençal portant sur l'actualité y compris littéraire et culturelle, depuis 1987, publié à Avignon...

Sites internet sur le provençal/en provençal
-http://www.perso.wanadoo.fr/la_provence/parlaren/ site du magazine *Li Nouvello de Prouvènço* (textes, informations, actualité régionaliste).

-http://www.felibrige.com/ site du *Felibrige* (association culturelle et militante).

-http://www.lpl.univ-aix.fr/ciel/ site du *Centre international de l'Ecrit en Langue d'Oc* (textes littéraires et articles de revues).

-http://www.lia.imt-mars.fr/massilia/ site du groupe de raggamuffin *Massilia Sound System* (contre-culture militante, tendance occitaniste)

-http://www.provenceweb.fr/ site touristique avec informations culturelles et linguistiques.

Disques et cassettes audio en provençal
-Importante production musicale de créations modernes (rap, rock, raggamuffin, variétés, ethnomusic) et chants traditionnels (chants polyphoniques, noëls, chansons, contines) aux éditions Adès, Fuzeau, Harmonia Mundi, Polygram, Radio-France Ocora, et de nombreux petits éditeurs locaux. Diffusion chez les disquaires et infomations sous "adresses utiles" ci-après. Quelques noms d'artistes connus : *Guy Bonnet* (variétés, noëls, Eurovision 1984), *La Capouliero* (danses et musiques traditionnelles, ensemble de réputation internationale venu de Martigues), *Jan-Maria Carlotti* (créations à base traditionnelle, Prix Charles Cros

1993 pour "Pachiquelli vèn de nue"), *André Chiron* (Brassens en provençal et chants traditionnels), *Lou Còrou de Berra* (chants polyphoniques provençaux, niçois et alpins), *André Gabriel* (création et airs traditionnels au galoubet-tambourin), *Jan-Nouvè Mabelly* (créations, et chants traditionnels notamment dans différents groupes), *Massilia Sound System* (raggamuffin marseillais), *Pierre Pascal* (créations), etc.
-Important fond de collectage ethnographique et dialectologique à la sonothèque de *L'Oustau de Prouvènço*, av. J. Ferry, Aix.
-Emission en provençal de Radio-France Provence aux archives de l'INA-Marseille...

Cassettes vidéo et programmes TV en provençal
-*La Mal-Astrado*, film d'Alain Rollando avec C. Choisy, O. Rio, etc., CERCEP, Six-Fours (83), 1997.
-*Bello epoco*, pièces de Charles Galtier interprétées par *Lou tiatre de la Targo* (Toulon), mise en scène Robert Fouque, 1995 (69 cours Lafayette, 83000 Toulon).
-*La pastorale Maurel*, d'Antoine Maurel, interprétée par *Lou roudelet felibren* de Château-Gombert (Marseille), éditions provençales (fax 04 90 38 09 54).
-Emissions sur TV en provençal sur FR3 (*A cor dubert* puis *Vaqui* et *Méditerranée magazine*) puis sur France 3 (*Vaqui* et *Veici*, encore en cours) aux archives de l'INA-Marseille...

Adresses utiles

Quelques éditeurs et revues
-Editions *L'Astrado prouvençalo*, 13, les Fauvettes, 13130 Berre l'étang [éditions de livres en provençal, publication de la revue littéraire du même nom, cours par correspondance].
- *Li Nouvello de Prouvènço*, 42 bd. Sixte-Isnard, 84000 Avignon [magazine d'actualité et centre d'information].
-Revue *Prouvènço d'aro*, "Parlaren", Flora Parc Bât. D, 64, traverse Paul, 13008 Marseille [magazine d'actualité et édition de livres].
-Le *Centre d'Enseignement et de Recherche d'Oc* de Université Sorbonne-Paris IV, 16 rue de la Sorbonne, 75005 Paris publie la revue *La France latine*.
-*Editions Edisud*, La Calade, RN 7, 13090 Aix-en-Provence [éditeur et diffuseur, entre autres, d'ouvrages en provençal et sur la culture provençale]...

Centres de documentation
-*Centre de documentation provençale*, Mairie, 84500 Bollène [le plus important centre de ce type, informations riches et complètes].
-De nombreuses bibliothèques municipales ou universitaires ont un rayon fourni en langue et culture provençales (par exemple celle de Saint-Rémy-de-Provence ou de l'université de Provence à Aix)...

Grandes associations régionales et administrations concernées
-*L'Union Provençale*, Les Iscles, 04800 Gréoux [groupement de nombreuses associations culturelles réparties sur toute la région].
-*Felibrige-Prouvènço*, Parc Jourdan, 8 bis av. J. Ferry, 13100 Aix-en-Provence [le plus ancien mouvement culturel provençal, fondé en 1854 par F. Mistral].
-*Chambre syndicale de la presse d'expression provençale*, Chemin des Gourlanches, 05000 Gap [groupement de nombreux périodiques en provençal, publie un bulletin d'information et un annuaire des associations culturelles provençales]...
-Certaines collectivités et administrations locales ont des services et personnes consacrées à la langue régionale (Conseil régional, commune d'Avignon, par exemple). Pour l'enseignement, voir ci-dessous.

Enseignement, stages, cours de provençal
-*Festival de Martigues / La Capouliero*, quai Kléber, 13500 Martigues [stage intensif de provençal associé au festival des cultures du monde, fin juillet-début août].
-*Lou Prouvençau à l'escolo*, Mas Manivet, Quiqueran, 13200 Arles [association d'enseignants de provençal, publie une revue pédagogique et des livres].
-*L'Astrado prouvençalo*, 13, les Fauvettes, 13130 Berre l'étang [cours par correspondance].
-Il existe des cours associatifs dans la plupart des communes, voir pour cela les services culturels de la municipalité et les associations locales.
-Il existe un service chargé de l'enseignement de la langue régionale aux rectorats des académies d'Aix et de Nice, à l'inspection académique des Bouches-du-Rhône (informations sur les établissements publics et privés où le provençal est enseigné).

-Le *Centre d'Enseignement et de Recherche d'Oc* de l'Université Sorbonne-Paris IV (16 rue de la Sorbonne, 75005 Paris) publie la revue *La France latine* et propose des cours de provençal ancien et moderne.

-Les universités d'Aix, d'Avignon et de Nice proposent des cours et des formations diplômantes de langue régionale...

Table des matières

Première partie : le provençal, *qu'es acò* ?   9

1. Le provençal parmi les langues romanes   9
    Le provençal et le latin   9
    Le provençal dans la famille d'oc   12

2. Où parle-t-on le provençal ?   18
    L'identification de l'aire sociolinguistique provençale   18
    Les variétés de provençal   20

3. La situation actuelle du provençal   23
    Situation institutionnelle   23
    Estimations des pratiques   25
    Le provençal dans le français régional   27

4. Un peu d'histoire...   28
    Provençal et français   28
    L'évolution de la langue   30

5. Une langue... une culture et une société   34
    Une vie sociale méditerranéenne   34
    Des habitudes culinaires marquées   36
    Fêtes, musique et traditions vivantes   37
    Une littérature réputée   37
    Une identité culturelle forte et moderne   40

Deuxième partie : *parla la lengo* / parler la langue   45

6. Dialogues et textes   46
    Dialogues en situation   46
    Textes littéraires et traductions   53

7. Prononciation et orthographe   59
    7. 1. Prononciation   60
        Les voyelles   60
        Les diphtongues   62
        La tonique   64
        Intonations   66
        Les consonnes   66
    7. 2. Orthographier le provençal   72
        Quelle norme est reconnue ?   72

Présentation de l'orthographe
provençale 76
Pour les voyelles 78
Pour les consonnes 80

8. Éléments de grammaire 81
   Le groupe nominal 82
      a) Le nom 82
      b) Les déterminatifs 83
      c) Les adjectifs qualificatifs 88
      d) Les pronoms 90
   Le groupe verbal 94
      a) Usages des verbes 94
      b) Conjugaisons 95
      c) Variétés géographiques ou sociales 100
   Les adverbes 101
   Structures des énoncés 101
      a) Les mots de laison 101
      b) Les accords 102
      c) L'ordre des éléments 103

9. Façons de dire 104
   L'esprit général des énoncés 105
      a) verbes d'action 106
      b) diminutifs 107
      c) rapport au contexte 107
      d) implication de la personne 107
      e) interjections, onomatopées 108
      f) répétitions 108
      g) négations 108
      h) exagérations, comparaisons 109

10. La vie des mots 109
    Les origines du vocabulaire provençal 109
    La place relative des francismes 112
    Un vocabulaire riche et adapté 115
    Proverbes et dictons sur la langue
    et la parole 119
    Mots trompeurs et "faux-amis" 120

Troisième partie :
lexique de base français-provençal
et provençal-français **125**

Bibliographie et autres sources d'information   **147**

Notes personnelles   **155**

Carte 1 : le provençal et ses voisins   17
Carte 2 : les grandes variétés du provençal   21

Collection *Parlons ...*
dirigée par Michel Malherbe

Parlons coréen, 1986, M. MALHERBE, O. TELLIER, CHOI J. W.
Parlons hongrois, 1988, CAVALIEROS, M. MALHERBE
Parlons wolof, 1989, M. MALHERBE, CHEIKH SALL
Parlons roumain, 1991, G. FABRE
Parlons swahili, 1992, A. CROZON, A. POLOMACK
Parlons kinyarwanda-kirundi, 1992, E. GASARABWE
Parlons ourdou, 1993, M. ASLAM YOUSUF, M. MALHERBE
Parlons estonien, 1993, F. de SIVERS
Parlons birman, 1993, M. H. CARDINAUD, YIN XIN MYINT
Parlons lao, 1994, CHOU NORINDR
Parlons tsigane, 1994, M. KOCHANOWSKI
Parlons bengali, 1994, J. CLÉMENT
Parlons pashto, 1994, L. DESSART
Parlons telougou, 1994, O. et D. BOSSÉ
Parlons ukrainien, 1995, V. KOPTILOV
Parlons euskara, 1995, T. PEILLEN
Parlons bulgare, 1995, M. VASSILEVA
Parlons népali, 1996, P. et E. CHAZOT
Parlons soninké, 1995, Ch. GIRIER
Parlons somali, 1996, M. D. ABDULLAHI
Parlons indonésien, 1997, A.-M. VAN DIJCK, V. MALHERBE
Parlons géorgien, 1997, I. ASSIATIANI, M. MALHERBE
Parlons japonais, 1997, P. PIGANIOL
Parlons breton, 1997, P. LE BESCO
Parlons tchétchène - ingouche, 1997, P. PARTCHIEVA et F. GUÉRIN
Parlons lapon, 1997, J. FERNANDEZ
Parlons quechua, 1997, C. ITIER
Parlons mongol, 1997, J. LEGRAND
Parlons gbaya, 1997, P. ROULON-DOKO
Parlons tzeltal, 1997, A. MONOD BECQUELIN
Parlons biélorussien, 1997, A. GOUJON
Parlons hébreu, 1997, M. HADAS-LEBEL

637954 - Janvier 2016
Achevé d'imprimer par